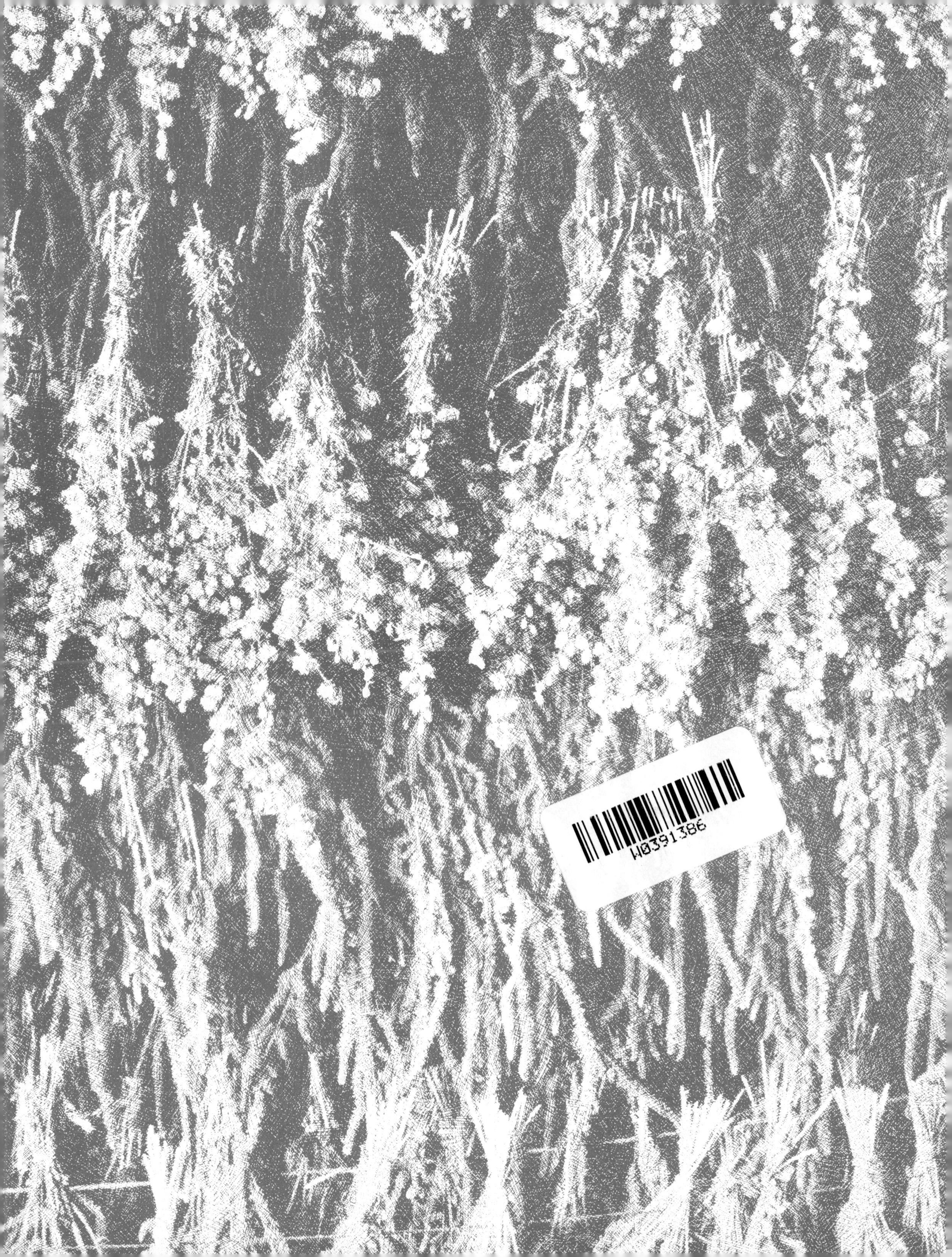

# TROCKENBLUMEN

Malcolm Hillier & Colin Hilton

# TROCKENBLUMEN

Orbis

Die englische Originalausgabe
»The Complete Book of Dried Flowers«
erschienen 1986 bei Dorling Kindersley Publishers Limited, London

Redaktion: David Lamb
Jackie Douglas
Jane Laing
Bildredaktion: Sally Smallwood
Gestaltung: Jane Warring
Art Director: Roger Bristow
Stilleben-Fotografie: Andreas Einsiedel

Übersetzung aus dem Englischen: Angelika Feilhauer
Redaktion der deutschen Ausgabe: Dr. Ernö Zeltner


**Sonderausgabe 1993 Orbis Verlag für Publizistik GmbH, München**


Satz: Filmsatz Schröter GmbH, München
Reproduktionen: Singapur
Druck und Bindung: Italy
**ISBN 3-572-00635-X · Printed in Italy**

# Inhalt

# Einleitung

Blumen sind ein wichtiger Bestandteil unseres Lebens. Draußen in der freien Natur blühen sie in phantastischer Vielfalt, und selbst inmitten der geschäftigsten Großstädte findet man sie. Sie fehlen auch an keinem wichtigen Tag unseres Daseins, und sie machen uns froh und glücklich. Kurzum – sie bereichern unser Leben.

**Warum trocknen wir Pflanzen?**
Auch wenn in der Vergänglichkeit frischer Blumen etwas Unvergleichbares liegt (man denke nur etwa an die flüchtige Existenz einer Schale duftender Wicken oder einer Vase voller großartiger sommerlicher Pfingstrosen), ist dennoch die Gewißheit tröstlich, daß die Freude an den Blumen auch von längerer Dauer sein kann. Denn von beinahe jeder Pflanze können Blüten, Blätter oder Fruchtstände getrocknet und auf diese Weise haltbar gemacht werden.

Einige Blüten und Blätter bewahren auch nach dem Trocknen ihren Duft, und insbesondere sie werden schon von alters her benutzt, um Räume zu schmücken und mit Wohlgeruch zu erfüllen. Früher streute man Rosenpetalen und süßduftende Kräuter auf den Boden oder füllte durchbrochene Gefäße und Stoffkissen mit duftenden Blättern, die in Kommoden und Schränken Wohlgeruch verströmten, und im 17. Jahrhundert trugen die Menschen häufig kleine Sträußchen aus aromatisch riechenden, getrockneten Pflanzen bei sich, die die Pest fernhalten sollten.

Im 19. Jahrhundert wurde dann die Phantasie der Menschen durch die großen Pflanzensammler der damaligen Zeit beflügelt, die die ganze Welt erforschten. Daheimgebliebene Enthusiasten legten wunderschöne Sammlungen aus gepreßten Blumen und Blättern an und schufen Arrangements aus getrockneten Blüten, Laub und Gräsern. Nach und nach verebbte jedoch das Interesse an Trockenblumen wieder, und bis in die frühen siebziger Jahre beschränkte sich das Angebot in den Blumengeschäften auf nur wenige Grasarten, Meerlavendel und Strohblumen, die häufig in schreienden Tönen gefärbt waren.

**Luftgetrocknete Sträuße**
Vor zehn Jahren begannen wir damit, an der Decke unseres Blumengeschäftes Pflanzen zum Trocknen aufzuhängen, weil wir die große Schönheit, die natürlich getrocknete Blumen besitzen, wieder bekannt und zugänglich machen wollten. Bald war unter der Decke kein Plätzchen mehr frei, und der Laden hatte sich in eine blumengefüllte Höhle verwandelt. Wir fanden schnell heraus, daß sich Pflanzen am einfachsten und wirksamsten trocknen lassen, wenn man sie einfach in Sträußen aufhängt. Wir experimentierten mit vielen bekannten Pflanzen und Gartenblumen wie auch mit Blättern und ausgefalleneren Blumenarten, die wir frisch auf Londons wunderschönem Covent Garden Market einkauften.

Wir stellten fest, daß wir ein weit größeres Spektrum an natürlichen Farben erhielten, wenn wir die bekannteren Trockenblumen wie Meerlavendel, Strohblumen und Sonnenflügel selbst trockneten, statt sie bereits getrocknet zu kaufen. Dann begannen wir auch getrocknete Rosen, Rittersporn, Prachtspiere, Schleierkraut und Mimosen in unser Sortiment aufzunehmen und darüber hinaus noch eine Menge anderer Blumen, Gräser, Fruchtstände und Blätter. Und die Liste ist seitdem mit jedem Jahr länger geworden, denn eine steigende Nachfrage hat Trockenblumen heute zu einer Wachstumsbranche werden lassen. Gärtnereien auf der ganzen Welt ziehen Blumen einzig zum Zwecke des Trocknens, und ein gut funktionierendes Vertriebsnetz hat es möglich gemacht, daß man heute fertig getrocknete Blumen aus vielen fernen Ländern bekommt.

**Ein breites Farbspektrum**
Dieser alte irdene Ölkrug versinkt beinahe unter einem Meer aus Blumen, deren Farben von tiefroten Tönen auf der linken Seite bis zu blaßrosa Schattierungen rechts reichen. Zu den verwendeten Blumen gehören Rosen, Rittersporn, Strohblumen, Lauch, Verticordia, Schilfrohr und eine silbrige Protea.

## Andere Trockenmethoden

Obgleich wir feststellten, daß das Lufttrocknen die einfachste und wirksamste Methode ist, gibt es – wie Sie sehen werden – auch noch viele andere Methoden, um Pflanzenmaterial haltbar zu machen. So kann man beispielsweise chemische Trockenmittel und Sand benutzen, um den Pflanzen die Feuchtigkeit zu entziehen. Dieses Verfahren ist zwar etwas komplizierter, aber mit etwas Geduld erhält man dadurch einige wunderschöne Blumen, die ihre natürliche frische Farbe und Struktur weitgehend bewahrt haben, wenngleich sie etwas spröde sind. Besonders gut eignen sich hierfür Rosen, Päonien, Christrosen, Lilien, Orchideen, Tulpen und Zinnien.

Dann werden Sie sehen, daß man bei vielen Blättern und einigen Blumen das in ihnen enthaltene Wasser durch Glyzerin ersetzen kann. Auf diese Weise behalten die Pflanzen ihre Geschmeidigkeit, andererseits verändern sie jedoch meist ihre Farbe und werden recht schwer und leblos. Unserer Ansicht nach lassen sich so nur Eukalyptus und Muschelblumen (*Moluccella* sp.) wirklich schön haltbar machen.

Und noch eine Methode finden Sie in diesem Buch: wie Sie zwischen saugfähiges Papier gelegte Blumen pressen können. Ähnlich wie bei Trockenmitteln bleibt auch hier die Farbe gut erhalten, doch sind die Pflanzen hinterher flach und für Arrangements nur noch selten verwendbar. Am besten kommen sie zur Geltung, wenn man sie zu Bildern zusammenstellt und rahmt.

## Die Freuden des Arrangierens

Das Ziehen und Trocknen von eigenen Pflanzen oder der Einkauf getrockneter Blumen in einem Blumengeschäft ist nur der erste Schritt zum kreativen Arrangieren – einer Beschäftigung, die außerordentlich viel Freude bereitet und beinahe heilsam wirkt. In dem Moment, in dem Sie nämlich ein Trockenarrangement beginnen, haben Sie bald alle Sorgen des Alltags vergessen.

Wenngleich wir hoffen, daß Ihnen dieses Buch eine gute Hilfe sein wird, indem es Ihnen die Techniken zeigt, die Sie beherrschen sollten, um gelungene Arrangements schaffen zu können, enthält es weder feste Regeln für die Gestaltung noch Listen mit Trockenblumen, die zusammen besonders hübsch aussehen, oder bestimmten Farbkombinationen, die besser wirken als andere. Nehmen Sie sich vielmehr die Natur zum Vorbild, wenn Sie mit Pflanzen gestalten. Sie vermeiden damit jene Steifheit, die man sowohl bei frischen als auch bei getrockneten Arrangements häufig findet.

Unsere Absicht ist es, Ihnen eine große Bandbreite an Pflanzen vorzustellen, die angepflanzt und getrocknet werden können, sowie einige ausgewählte Methoden, um sie zu arrangieren. Häufig stand dabei der natürliche Wuchs der Pflanzen Pate. Manche der Arrangements sind schlicht, während andere für besondere Gelegenheiten oder festliche Anlässe mit größerem Aufwand gestaltet werden. Alle haben jedoch einen natürlichen Charakter, der unserem speziellen Stil eigen ist.

Jeder Mensch braucht ein wenig Inspiration, um seine eigene Kreativität zu entdecken, und wir hoffen, Ihnen hier etwas von jener Inspiration weitergeben zu können, die es uns möglich machte, dieses Buch zu schaffen. Und darüber hinaus finden Sie in ihm die Grundtechniken, die erforderlich sind, um Pflanzen zu trocknen und zu arrangieren.

**Zartes Arrangement** (links)
Dieser Strauß besteht aus Silberblatt, Schleierkraut, Kornblumen, winzigen roten Rosen, Rittersporn und Sonnenflügeln. Die Blumen ergänzen die Glasvase, die mit schimmerndem Silberpapier und farbigen Papierstreifen ausgekleidet wurde, wunderschön.

**Blick von oben** (rechts)
Dieser Flechtkorb ist mit Wiesengräsern gefüllt, zwischen denen gelbe Strohblumen, Perlpfötchen, Sonnenflügel, Garben und Leimkraut stekken. Von oben gesehen kommt das Arrangement am besten zur Geltung.

# Trockenpflanzen ziehen

Wenn Sie zu den glücklichen Menschen gehören, die einen – kleinen oder auch großen – Garten besitzen, können Sie dort Pflanzen ziehen, die Sie später ernten, trocknen und für Arrangements verwenden. Auf diese Weise erfreuen Sie die Pflanzen nicht nur getrocknet, sondern auch frisch, und im übrigen ist es eine sehr schöne Erfahrung, wenn der gesamte Prozeß des Ziehens, Trocknens und Arrangierens in Ihren Händen liegt. Wie viele Trockenblumen Sie anpflanzen, spielt dabei keine Rolle. Es lohnt sich, sowohl einige kleine bunte Sträuße zu trocknen als auch eine ganze Decke mit Sträußen aus eigenen Blumen zu dekorieren. Selbst in einem kleinen Garten von nicht mehr als sechs mal neun Metern Größe kann man durchaus genügend Pflanzen ziehen, um drei bis vier große Trockenblumenarrangements zusammenzustellen, ohne den Garten durch die Ernte zu sehr zu plündern und zu verunstalten. Und in größeren Gärten lassen sich natürlich entsprechend mehr Blumen ziehen.

## Die Gartenanlage

Zum Trocknen vorgesehene Blumen werden gepflückt, kurz bevor sie ihre volle Schönheit entwickelt haben – und das müssen Sie berücksichtigen, wenn Sie in Ihrem Garten Trockenpflanzen ziehen möchten. Jeder Garten sollte über möglichst weite Strecken des Jahres attraktiv aussehen, und dies wäre nicht mehr der Fall, wenn Sie alle sich gerade öffnenden Blüten pflücken würden. Gartenrabatten bestehen aus einem Nebeneinander von Pflanzen mit kontrastierenden Formen, Blättern unterschiedlicher Größe und Struktur (von denen manche sommer- und andere immergrün sind) und verschiedenartigen Blüten in zahlreichen Farbkombinationen, die interessant und faszinierend wirken. Und deshalb müssen Sie die Anlage ihrer Beete so planen, daß ihr Aussehen nicht merklich beeinträchtigt wird, wenn Sie einige Blumen oder Laub zum Trocknen ernten.

In fast jedem Garten existiert eine Blumenrabatte. Es kann sich dabei beispielsweise um einen Streifen Erde von nur einem Meter Breite handeln, der auf einer Seite häufig von einem Zaun, einer Mauer oder einer Hecke und auf der anderen von Rasen begrenzt wird. Staudenrabatten (hier wachsen nur Pflanzen, deren oberirdische Teile im Winter absterben) haben ihre einstige Popularität eingebüßt, und an ihre Stelle ist die gemischte Rabatte getreten, wo nicht nur Stauden, sondern auch dekorative Sträucher, Kletterpflanzen, Rosen und Einjahresblumen in großartiger Eintracht zusammenstehen. Solche gemischten Rabatten bieten – insbesondere wenn sie gut geplant sind – lange Zeit einen schönen Anblick. Sie sind der ideale Standort für eine gute Auswahl an Trockenpflanzen, wie etwa winterharte, ausdauernde und einjährige Gewächse, zwischen die blühende Sträucher und Rosen gesetzt werden können.

Wer bereits eine Rabatte mit Sträuchern und anderen ausdauernden Pflanzen besitzt, in der jedoch nicht genügend Material zum Trocknen vorhanden ist, kann im Winter, wenn die vorhandenen Stauden ruhen, einige Veränderungen in der Anlage vornehmen. Markieren Sie den Standort dieser Pflanzen, bevor sie im Herbst absterben. Lassen Sie gut plazierte Sträucher stehen, aber teilen Sie große Stauden, um Platz für ein- und mehrjährige Gewächse zu schaffen, die sich gut trocknen lassen. Einjahresblumen kann man aus Samen ziehen und im Frühjahr oder Frühsommer auspflanzen. Viele Sumpfpflanzen und Farne, die Wedel, Stengel und Fruchtstände liefern und ein wichtiger dekorativer Bestandteil zahlreicher Trockenarrangements sind, bevorzugen einen feuchten Standort und werden deshalb am besten in einem anderen Bereich des Gartens gezogen (s. Seite 15).

## Die Auswahl der Pflanzen

Ob Sie ein Beet neu anlegen oder lediglich anders bepflanzen, Sie sollten auf jeden Fall einen Plan zeichnen, der genaue Angaben über Höhe und Breite der vollentwickelten Pflanzen, die Farbe von Blüten und Laub sowie die Blütezeit enthält. Sowohl in großen als auch in kleinen Gärten ist es von großer Bedeutung, ein bestimmtes Farbthema einzuhalten. Sie können natürlich Ihre Lieblingsfarben wählen, müssen aber sicherstellen, daß das Farbspektrum – vor allen in kleinen Gärten – nicht zu groß wird. Wer neue Pflanzen in ein existierendes Beet setzt, sollte darauf achten, daß ihre Farben mit denen der vorhandenen Pflanzung harmonieren.

Es gibt nur relativ wenige Pflanzen, die an einem sonnigen Standort wachsen und sich gleichzeitig für einen Schnitt von Blüten oder Blättern, die getrocknet werden, eignen –, vor allem, wenn die Rabatte auch später noch üppig und dekorativ aussehen soll.

Zu den ausdauernden Pflanzen für durchlässige, etwa neutrale Böden gehören Lavendel, Garbe (die es heute in Gelb, Weiß und Rosa gibt), Rosen in allen Farben, Rittersporn-Hybriden, Päonien (sie eignen sich wegen ihrer kurzen Blütezeit nur für große Gärten), Zierlauch, Mohn, dekorative Disteln, Schleierkraut und Goldrute. Alle wachsen besser in Gruppen als einzeln.

Letzteres gilt auch für zum Trocknen vorgesehene Einjahresblumen. Hier gibt es ein verwirrendes Farbspektrum von Garten-Strohblumen *(Helichrysum brakteatum)*, die aus Australien stammen. Man bekommt sie in Weiß, Cremerosa, Fliederfarben, Leuchtendgelb, funkelndem Rot und Orange, und es ist verständlich, warum sie von jeher als Trockenblumen sehr beliebt waren, auch wenn ihre Stengel ein wenig spröde sind. Dann finden sich da die zahlreichen Arten des Meerlavendels (*Limonium* sp.). Wiederum ist die Farbpalette riesig, und für jede Farbe bekommt man Samen. *Limonium suworowii* trägt beispielsweise im Sommer rosarote Blütenstände. Sonnenflügel und Papierblumen in Rosanuancen und Weiß, Rittersporn mit seinen blauen, rosa und weißen Tönen – all diese Einjahresblumen lassen wundervolle farbige Flächen entstehen und blühen den ganzen Sommer hindurch. Sie können durchweg problemlos luftgetrocknet werden (s. Seite 170–173).

**Rabattengarten** (oben)
Wer einen größeren Garten besitzt, kann sich den Luxus breiter gemischter Rabatten leisten. Hier windet sich zwischen den üppigen Beeten anmutig ein Weg. Unter der großen Vielfalt der Pflanzen findet sich eine ganze Menge, deren Blüten, Blätter und Fruchtstände getrocknet werden können. Zu Sommerbeginn kann man in diesen Rabatten große Sträuße aus weißer und gelber Garbe, Rittersporn und Frauenmantel zum Trocknen ernten.

**Sommerlicher Korb** (rechts)
In diesem großen Korb wurden getrocknete *Achillea ptarmica*, *Achillea filipendulina*, Frauenmantel und Rittersporn arrangiert. Im ersten Moment könnte man ihn leicht mit einem Arbeitskorb voller frisch gepflückter Blumen verwechseln.

## Schattenpflanzen

Manchmal erhält ein Bereich des Gartens oder auch der gesamte Garten nur wenig oder gar keine Sonne, weil er von hohen Mauern umgeben ist oder Bäume beziehungsweise ein in der Nähe befindliches Gebäude die Sonne abschirmen. Für schattige Standorte ist die Auswahl an Pflanzen, die sich trocknen lassen, begrenzter, aber einige sind durchaus einen Versuch wert. Auch hier kommt es darauf an, daß der Garten das ganze Jahr hindurch gepflegt aussieht, und die Ernte von Trockenmaterial sollte als zusätzlicher Bonus betrachtet werden.

Farne stehen gern im Schatten, und viele Arten haben dekorative Formen und Größen. Manche sind sogar immergrün, und alle lassen sich außerordentlich gut pressen. Für einen großen Garten ist *Osmunda regalis* besonders schön. Unter guten Bedingungen (dieser Farn braucht »nasse Füße«) entwickelt er Wedel bis zu anderthalb Meter Länge. *Matteucia struthiopteris* wird ebenfalls sehr hoch, desgleichen der Wurmfarn *Dryopteris filix-mas* und der Frauenfarn *Athyrium filix-femina*. Zu den lohnenden immergrünen Farnen gehören *Blechnum tabulare, Phylitis scolopendrium* und *Polystichum setiferum*.

Einige weitere Schattenpflanzen, die sich zum Trocknen eignen, sind: Funkien (Blätter und Fruchtstände), verschiedene Rosen, wie die Kletterrosen 'The New Dawn' und 'Zéphrin Drouhin', Kamelien (die Blätter können mit Glyzerin, die Blüten mit Trockenmitteln haltbar gemacht werden), Bambusgras, Mahonien, die Orangenblume *(Choisya ternata)* und Christrosen.

Efeu ist ein ausgezeichneter Kletterer für schattige Mauern und Zäune, und es gibt wunderschöne Sorten wie *Hedera colchica dentata aurea* mit seinen goldgetupften Blättern, die silbrigen Formen des Kanarischen Efeus *Hedera canariensis* oder die Sorten des kleinblättrigen *Hedera helix*, wie 'Goldheart' und 'Glacier'. Sind sie einmal angewachsen, bedecken ihre wunderschönen immergrünen Blätter bald große Flächen. Man kann sie auch als Bodendecker verwenden, doch beginnen sie dann leicht zu wuchern, da sie an jedem Punkt, an dem ein Trieb den Boden berührt, neue Wurzeln ausbilden. Man kann Efeutriebe mit Glyzerin behandeln oder einzelne Blätter pressen. Das Geißblatt *Lonicera halliana* wächst ebenfalls sehr üppig. Es gedeiht auch im Schatten gut, und seine süßduftenden Blüten, die es vom Spätfrühjahr an entwickelt, können für Potpourris verwendet werden.

## Pflanzen für Halbschatten

Auch wenn Stiefmütterchen tiefen Schatten nicht vertragen, so wachsen und blühen sie im Halbschatten doch üppig. Das gleiche gilt für Hortensien. Damit sie ihre herrlichen Blütenstände entwickeln, benötigen sie einen Boden, der die Feuchtigkeit hält. Bei Hortensien ist es wichtig, daß sie zum richtigen Zeitpunkt gepflückt werden – gerade wenn die kleinen Blütchen in den Brakteen verwelkt sind. Eine zu späte Ernte ist aber besser als eine zu frühe. Die Sortenauswahl ist groß, doch benötigen die

blauen Formen einen sauren Boden, um ihre Farbe über Jahre zu bewahren, andernfalls werden sie rosa oder grün. *Alchemilla mollis* ist eine kleine Staude mit wunderschönen, fächerförmigen Blättern und duftigen, goldenen Blütenständen. Sie gedeiht an halbschattigen Plätzen und breitet sich durch Selbstaussaat rasch aus. Sowohl Blätter als auch Blüten lassen sich gut trocknen. Die gleichen Bedingungen braucht auch die Astilbe, um ihre zarten Blütenstände zu entwickeln. Von ihr gibt es rostfarbene, rosa, cremeweiße und weiße Sorten, die sich leicht lufttrocknen lassen.

## Unterteilte Gärten

Ein Garten, der in verschiedene Bereiche unterteilt wurde, hat etwas Aufregendes und Geheimnisvolles, und seine Anlage bietet für die Zucht von Trockenpflanzen besonders gute Bedingungen. Hier kann man einen Bereich allein für den Blumenschnitt reservieren, in dem die Blumen – wie Gemüse im Gemüsegarten – reihenweise gepflanzt werden. Es können Pflanzen zum Trocknen, wie Lavendel, Strohblumen, Sonnenflügel, Lampionblumen, Garben, Rittersporn und Rosen darin wachsen und darüber hinaus vielleicht auch Blumen und Gemüse, die man frisch verwendet. Ein solcher unterteilter Garten muß nicht groß sein – tatsächlich ist für jeden Bereich nicht viel mehr als die Fläche eines Zimmers erforderlich. Und wie die Räume eines Hauses haben die verschiedenen Bereiche eine unterschiedliche Atmosphäre und andere Farben, und die in ihnen wachsenden Pflanzen können einem bestimmten Thema

**Gesteck aus Schattenpflanzen**
(links)
Wedel von Wurm- und Königsfarn bilden das Grundgerüst für dieses herbstliche Arrangement, zu dem auch Funkienlaub sowie Blüten und Blätter der Christrose gehören. Die Zusammenstellung paßt perfekt zu der antiken chinesischen Messingschale. Als zusätzlicher Blickfang wurden einige kleine, leuchtendrote Rosen, die an einem sonnigeren Platz gewachsen sind, hinzugefügt.

**Schattengarten**
(rechts)
Auch an einem schattigen Platz im Garten oder Hinterhof lassen sich viele Pflanzen ziehen, die sich zum Trocknen eignen. Besonders gut gedeihen hier Farne, aber auch Mahonia, Choisya und Efeu. Ideal sind darüber hinaus Christrosen und Funkien, deren Blätter problemlos gepreßt werden können. Die Fruchtstände der Funkie werden an der Luft getrocknet, für die Blüten der Christrosen verwendet man Trockenmittel.

untergeordnet sein. Eine Terrasse kann nüchtern gestaltet und vielleicht durch eine Hecke von einem anderen Bereich getrennt werden, in dem möglicherweise ein Naturgarten entstanden ist. In einem weiteren Bereich des Gartens finden sich unter Umständen Pflanzen mit silbrigem Laub, zwischen denen einige Blumen in kühlen Farben stehen. So lassen sich beispielsweise *Senecio greyi*, Beifuß und Heiligenkraut gut trocknen und sehen im Garten sehr dekorativ aus. Rosmarin und Lavendel haben ebenfalls silbrige Blätter, doch trocknen die Blüten des Lavendels besser als das Laub, und getrockneter Rosmarin ist für kulinarische Zwecke geeigneter als für die Verwendung in einem Trockenstrauß.

Ziergräser sind wunderschöne Pflanzen, denen ebenfalls ein Bereich reserviert werden könnte. Sie brauchen durchlässigen Boden und bevorzugen Sonne oder Halbschatten. Sowohl ihre langen, schmalen Blätter als auch ihre Samenstände wirken außerordentlich dekorativ, und eine Gräsergruppe in einer Rabatte bildet einen

**Silbernes Arrangement** (oben)
Die schillernde ovale Vase erfordert ein ebenfalls schillerndes Arrangement. Perfekt eignet sich hier eine zarte Mischung aus *Senecio-greyi*-Blättern, *Stachys lanata*, Hortensien, weißen Rosen und winzigem blauem Rittersporn, zwischen denen kleine Lavendelsträußchen stecken.

**Silbrige Rabatte** (rechts)
Eine Pflanzung aus vielen silbrig belaubten Pflanzen, weißen Rosen und Hortensien sowie einigen Gruppen aus blauem Rittersporn liefert große Mengen Trockenmaterial. Besonders gut eignen sich *Senecio greyi*, Heiligenkraut, Beifuß und Stachys.

**Ein Gräsergarten** (rechts)
Gräser haben mit ihren langen Blättern und großartigen Samenständen eine ganz charakteristische Form. Damit sie nicht außer Kontrolle geraten und ihren buschigen Wuchs beibehalten, muß man sie regelmäßig teilen.

**Arrangement aus Gräsern** (unten)
Dieses Gesteck besteht aus einer großen Vielfalt getrockneter Gräser, die wunderbar mit dem Korb harmonieren. Zu ihnen gehören Pampasgras, Hafer, Zittergras, Hasenschwanzgras und Seggen. Sie werden durch Schilfrohr, Maiskolben, Goldruten, Stirlingiazweige und Lotosfrüchte ergänzt, die das Spektrum an Farben und Strukturen weiter vergrößern.

interessanten Blickfang. Manche Arten werden sehr groß, wie etwa das Pampasgras *(Cortaderia selloana)*, dessen Blütenstände bis zu drei Meter Höhe erreichen. Der Durchmesser alter Pflanzen beträgt mitunter zwei Meter. *Miscanthus*-, *Scirpus*- und *Carex*-Arten sowie – als Bodendecker – *Luzula* und *Festuca* sind ebenfalls sehr dekorativ und lassen sich durchweg gut trocknen. Da sich die meisten Gräser stark ausbreiten, müssen sie häufig geteilt werden. Aber weil sie so üppig gedeihen, kann man sie während der Wachstumsperiode regelmäßig zum Trocknen ernten.

Wer in seinem Garten einen sumpfigen Bereich hat, kann dort vielleicht Sumpfpflanzen ziehen, um ihn attraktiv zu gestalten.

## Rosen

Rosenblüten sind von unvergleichlicher Schönheit, und dies gilt sowohl für Form und Anordnung ihrer Blumenblätter als auch für den wunderbaren Duft, den viele Sorten verströmen. Alle lassen sich ausgezeichnet trocknen, wenngleich sich zum Lufttrocknen gefüllte Formen besser eignen als Sorten mit einfachen Blüten.

Die vergangenen drei Jahrhunderte haben uns eine

**Rosenarrangement** (oben)
Eine rosa und blau glasierte Vase wurde hier mit einem zarten Strauß aus leuchtendrosa Rosen und getrocknetem, weißem Besenginster gefüllt.

**Rosengarten** (unten)
*Rosa gallica maxima* entwickelt zu Beginn des Sommers ein riesiges Blütenmeer. Ihre Blumenblätter eignen sich besonders für Potpourris.

ungeheure Fülle an Rosensorten beschert, und in den Katalogen von Gartencentern und Spezialanbietern finden sich heute Hunderte verschiedener Rosen, so daß die Auswahl recht schwierig sein kann. Vor einiger Zeit wurden Rosen gezüchtet, die Form und Duft alter Formen, wie Damaszener- oder Hundsrose, mit der Eigenschaft, wiederholt zu blühen, vereinigen – ein großer Vorteil für das Blumenarrangement. Auch die Resistenz gegenüber Mehltau und Sternrußtau konnte erheblich verbessert werden. Empfehlenswerte Sorten sind unter anderen: 'Heritage' (blaßrosa), 'Mary Rose' (hellrosa), 'Graham Thomas' (gelb), 'Bredon' (braungelb), 'Dove' (weiß mit rosa Hauch) und 'The Squire' (tiefrot). Beobachten Sie die sich öffnenden Knospen, und schneiden Sie sie zum Trocknen schätzungsweise vier Tage, bevor sie voll erblüht sind.

Rosen wachsen am besten gruppenweise in einer Rabatte oder, sofern genügend Platz vorhanden ist, in einem Rosengarten, der den ganzen Sommer und Frühherbst hindurch einen großartigen Anblick bietet. In kleinen Beeten kommen die Blüten vor silbrigem Laub am besten zur Geltung. Sie könnten beispielsweise Heiligenkraut und Lavendel dazwischenpflanzen. Wo nur wenig Platz vorhanden ist, kann man statt dessen eine Kletter- oder Schlingrose an einer Mauer oder einem Zaun wachsen lassen.

# TROCKENPFLANZEN-FÜHRER

Auf den nun folgenden Seiten finden Sie einen Trockenpflanzen-Führer, der nach Blütenfarben unterteilt wurde. Die gezeigten Trockenpflanzen sind heute vielerorts erhältlich, auch wenn sie aus ganz verschiedenen Ländern der Erde stammen. Einige von ihnen (etwa manche Zapfen und Laubarten) finden sich bei uns in der freien Natur, doch sollten Sie beim Sammeln äußerste Vorsicht walten lassen, damit die Mutterpflanze keinen Schaden erleidet. Geschützte und gefährdete Pflanzen sind für den Sammler aber tabu!

# Rot und Rosa

Leuchtende, prachtvolle Rot- und Rosatöne lassen uns an den Sommer denken, denn diese Farben sind typisch für die großartigen Blumenrabatten, die in der heißen Nachmittagssonne flimmern. Sie rufen spektakuläre Bilder ins Gedächtnis, und doch erinnern sie ebenso an die blasse, aber grandiose Abendröte, die in der Dämmerung den Himmel überzieht.

Die Rottöne stehen in der Temperaturskala der Farben ganz oben. Sie sind satt und auf geheimnisvolle Weise erhaben, doch auch grell und leidenschaftlich. Rot ist die Farbe der meisten süßduftenden Rosen und großartigsten tropischen Blumen. Rot kann königlich, exotisch und kraftvoll wirken, aber auch heftig und bombastisch.

Rosatöne sind etwas kühler, doch finden sie sich in der Temperaturskala ebenfalls noch weit oben. In ihrer grellsten Form können sie schockierend wirken, in ihrer zartesten dagegen außerordentlich verführerisch.

In diesem Farbbereich liegen zahlreiche Rosen, deren Ähnlichkeit mit frisch geschnittenen Blüten Sie vielleicht überraschen wird. Rosen lassen sich im übrigen außerordentlich leicht trocknen, sofern man sie vier Tage, bevor sie voll erblüht sind, pflückt. Am besten hängt man sie in Sträußen – die Blüten dürfen sich nicht berühren – zum Trocknen auf (s. Seite 170–173). Rote Rosen dunkeln beim Trocknen häufig nach, rosa Rosen verblassen.

**Sprühendes Sommergesteck**
Zu dieser leuchtenden Zusammenstellung aus Sommerblumen gehören rosa Päonien, die mit Trockenmittel getrocknet werden, rote Rosen, zarte Sträußchen aus Leimkraut, kräftigrosa Lauchblüten und Akazienlaub. Die bauchige Form und das Blumendekor des Zinngefäßes diente als Inspiration für dieses fächerförmige Arrangement.

**Rosafarbener Schwingel**
*Festuca* sp.

**Silberblatt**
*Lunaria rediviva*

**Trespe**
*Bromus* sp.

**Rosafarbene Artischocke**
*Cynara* sp.

**Lauch**
*Allium* sp.

**Schmielenhafer**
*Aira* sp.

**Schimmerbaum**
*Protea compacta*

**Federborstengras**
*Pennisetum* sp.

**Blaßrosa Schwingel**
*Festuca* sp.

**Banksia**
*Banksia occidentalis*

**Zittergras**
*Briza media*

**Banksia**
*Banksia menziesii*

**Chinesische Päonie**
*Peonia lactifolia*

**Großblättrige Hortensie**
*Hydrangea macrophylla*

**Schmielenhafer**
*Aira* sp.

**Rittersporn**
*Delphinium* sp.

**Rosa angehauchte Teehybrid-Rose**
*Rosa 'Gerda'*

**Sonnenflügel**
*Helipterum manglesii*

**Sonnenflügel**
*Helipterum roseum*

**Gartenstrohblume**
*Helichrysum bracteatum*

**Zinnoberrote Floribundarose**
*Rosa* cv.

**Leimkraut**
*Silene* sp.

**Roter Zylinderputzer**
*Callistemon beaufortia sparsa*

**Kirschrot angehauchte Teehybrid-Rose**
*Rosa 'Mercedes'*

**Lachsrosa Meerlavendel**
*Limonium* sp.

**Sonnenflügel**
*Helipterum* sp.

**Kugelamarant**
*Gomphrena globosa*

**Terrakottafarbene Miniaturrose**
*Rosa* cv.

**Phaenocoma**
*Phaenocoma prolifera*

**Leptospermum**
*Leptospermum* sp.

**Grauheide**
*Erica cinerea*

**Kräftigrote Gartenstrohblume**
*Helichrysum bracteatum*

**Prachtscharte**
*Liatris spicata*

**Tief scharlachrote Teehybrid-Rose**
*Rosa* 'Ilona'

**Meerlavendel**
*Limonium suworowii*

**Baumwürger**
*Celastrus* sp.

**Rotbuche**
*Fagus sylvatica* 'Cuprea'

**Tiefrote Gartenstrohblume**
*Helichrysum bracteatum*
**Schafgarbe**
*Achillea millefolium*
**Pompondahlie**
*Dahlia* sp.
**Scharlach angehauchte Teehybrid-Rose**
*Rosa* 'Jaguar'
**Hahnenkamm**
*Celosia argentea cristata*
**Rote Känguruhblume**
*Anigozanthus rufus*
**Leucadendron**
*Leucadendron* sp.
**Bronzeblättriger Eukalyptus**
*Eucalyptus* sp.

# Orange und Gelb

Diese beiden Farben liegen im Regenbogen nebeneinander und haben eine sehr kraftvolle Wirkung. Gelb ist eine ausgesprochene Frühlingsfarbe und vermittelt den Eindruck von Frische und jungem Wachstum. Hellgelbe Blüten verleihen Arrangements stets Lebendigkeit, wenngleich sie (mit Ausnahme der Mimosen) nicht von Frühjahrspflanzen stammen und hauptsächlich während der Sommermonate blühen.

Orange ist auf eine andere Art lebendig und von glühender Intensität. Es weckt starke Assoziationen an Ernte und die milde Wärme der Spätsommertage. Denken Sie beispielsweise an die satte Farbe eines in der Sonne getrockneten Maiskolbens. Orange und Gelb wie auch die dazwischenliegenden goldenen und aprikosenfarbenen Töne lassen, miteinander kombiniert, Arrangements entstehen, die sprühen und voller Sonne sind.

Unter den zahlreichen Sorten von Strohblume, Meerlavendel und Garbe gibt es einige kräftige, leuchtende Gelbtöne, Orange ist wiederum durch Strohblumen sowie Lampionblumen gut vertreten. Alle diese Pflanzen werden am besten in Sträußen aufgehängt an der Luft getrocknet (s. Seite 170–173), doch müssen bei Lampionblumen die an den Bindestellen sitzenden Blätter vorsichtig von den Stengeln abgestreift werden, damit sie nicht faulen.

Eine Frucht, deren Kultur sich allein ihrer dekorativen Eigenschaften wegen lohnt, ist der Zierkürbis. Zierkürbisse sind für jeden, der Trockenblumen arrangiert, im Spätsommer außerordentlich nützlich, was ganz besonders für die wunderschönen gelben und orangefarbenen Exemplare gilt. Kürbispflanzen brauchen viel Sommersonne, um reichlich zu tragen, doch wenn man Glück mit dem Wetter hat, halten sich die Früchte – in einer trockenen Umgebung – viele Monate. Ein Überzug aus Klarlack hilft, das Leben eines Kürbisses zu verlängern, wenngleich der Glanz manchmal unnatürlich wirkt.

**Leuchtendes Arrangement**
Der für dieses Gesteck verwendete Korb war ursprünglich einmal für ein Dutzend Weinflaschen gedacht, hier stehen nun jedoch in den einzelnen Fächern verschiedene Sträuße aus getrockneten Blumen. Orange und gelbe Strohblumen, aprikosenfarbener Meerlavendel, Mimosen, einige Lampionblumen, Fächerdisteln und Brandkraut lassen ein großartiges Arrangement voller Wärme und Kraft entstehen.

**Blaßgelbe Strohblume**
*Helichrysum* sp.

**Italienische Immortelle**
*Helichrysum italicum*

**Strohblume**
*Helichrysum angustifolium*

**Tiefgelbe Teehybrid-Rose**
*Rose* 'Golden Times'

**Craspedia**
*Craspedia globosa*

**Goldgelbe Strohblume**
*Helichrysum* sp.

**Goldgarbe**
*Achillea filipendulina*
'Coronation Gold'

**Bronzen angehauchte Teehybrid-Rose**
*Rosa* 'La Minuette'

**Sonnenflügel**
*Helipterum* sp.

**Silberblättrige Strohblume**
*Helichrysum* sp.

**Gelbe Känguruhblume**
*Anigozanthos* sp.

**Banksia**
*Banksia baxteri*

**Rainfarn**
*Chrysanthemum* sp.

**Frauenmantel**
*Alchemilla mollis*

**Afrikanische Daisies**
*Arctotis* sp.

**»Mimose«** oder **Akazie**
*Acacia* sp.

**Goldgelber Meerlavendel**
*Limonium* sp.

**Brandkraut**
*Phlomis fruticosa*

**Goldrute**
*Solidago canadensis*

**Goldgarbe**
*Achillea* sp.

**Verticordia**
*Verticordia* sp.

**Dryandra**
*Dryandra quercifolia*

**Banksia**
*Banksia attenuata*

**Hellgelbe Garbe**
*Achillea* sp.

**Tieflachsrosa Meerlavendel**
*Limonium* sp.

**Lampionblume**
*Physalis alkekengi franchetii*

**Chrysantheme**
*Chrysanthemum* sp.

**Mais (Kolben)**
*Zea mays*

**Rainfarn**
*Chrysanthemum vulgare*

**Hahnenfuß**
*Ranunculus* sp.

**Saflor, Färberdistel**
*Carthamus tinctorius*

**Gartenringelblume**
*Calendula officinalis*

**Ampfer**
*Rumex* sp.

**Kleine Garbe**
*Achillea* sp.

**Orangegelbe Teehybrid-Rose**
*Rosa cv.*

# Grün und Braun

Grün und Braun könnte man vielleicht als die wahren Farben der Natur bezeichnen. Sie beherrschen die Landschaft und sind durch alle Jahreszeiten hindurch in variierenden Schattierungen und Mengen vertreten.

In der sommerlichen Landschaft gibt es Grüntöne, die sich nicht einmal mit dem Pinsel eines Malers nachempfinden lassen. Grün ist die Farbe der Blätter und Gräser. Es ist das Symbol des Wachstums. Das verwirrend leuchtende Lindgrün junger Wiesengräser und neuen Laubs nimmt mit Fortschreiten des Jahres gedämpftere Töne an, und dann bilden auch Bäume und Hecken mit ihrem satten Grün einen wunderbaren Kontrast zu Wiesen und Himmel. Grün kann aber ebenso einen düsteren Charakter haben, wie beispielsweise in Wäldern, Mooren oder Gebirgen.

Da Grün in solch einem Überfluß vorhanden ist, nehmen es die meisten von uns als selbstverständlich hin. Sogar in den geschäftigsten Großstädten findet es sich erstaunlich häufig, etwa in Gärten, Alleen oder Parks.

Im allgemeinen bewahren getrocknete Gräser und Blätter das leuchtende, frische Grün jungen Wachstums nicht, sondern nehmen gedämpftere Töne an. Blätter kann man fast immer pressen, doch werden sie – obwohl sie Farbe und Form behalten – flach und lassen sich nicht mehr so leicht in Arrangements verwenden. Es gibt aber auch eine recht große Auswahl an luftgetrockneten Laubarten, die Arrangements jenes natürliche Aussehen verleihen, das ihnen so gut bekommt.

Braun ist die Farbe von Holz, Zapfen und anderen Fruchtständen wie auch der Erde selbst. Häufig weckt es Assoziationen an den Winter, der Jahreszeit, in der sich die Bäume wie braune Gerippe vor dem trüben, grauen Himmel abheben und große, umgepflügte Felder das Bild der Landschaft prägen.

Samenstände, Zapfen, Getreide und Schilfrohr, Herbstlaub mit seinen satten Brauntönen und die nackten Zweige der Bäume im Winter – all diese Materialien lassen sich trocknen, und ihre vielfältigen Formen können als Grundgerüst für Arrangements dienen.

**Struktur-Arrangement**
Ein ausgehöhltes Stück flechtenüberzogene Borke dient hier als Gefäß für ein Arrangement aus Dryandra-Blättern, Fruchtständen der Jungfer im Grünen, Steinkraut-Samenständen und etwas grünem Meerlavendel. Wie das schlichte Weizengesteck rechts wirkt auch dieses Arrangement natürlich und rustikal.

**Weizenkomposition**
Für dieses Arrangement wurde eine Holzkiste benutzt, in die einmal Tomaten gepackt waren. Alle sichtbaren Flächen sind mit Moos, Flechte, Zapfen, Eukalyptussamen und getrockneten Pilzen verkleidet worden. Im Innern der Kiste befindet sich Steckmasse, die durch eine dünne Schicht Moos verdeckt wird. Die Getreidehalme sind in Reihen hineingesteckt, und in das Moos schmiegen sich Zapfen und Samenstände.

**Sumpfeiche**
*Quercus palustris*
**Simse**
*Scirpus* sp.
**Riesenzittergras**
*Briza maxima*
**Kleines Zittergras**
*Briza minima*
**Linde**
*Tilia* sp.
**Dill**
*Anethum graveolens*

**Bambusgras**
*Arundinaria* sp.
**Banksia**
*Banksia* sp.
**Saatgerste**
*Hordeum vulgare*
**Rohrglanzgras**
*Phalaris arundinacea*
**Wiesenlieschgras**
*Phleum pratense*
**Großblättrige Hortensie**
*Hydrangea macrophylla*
**Riesenzittergras**
*Briza maxima*
**Rispenhortensie**
*Hydrangea paniculata*
**Kolbenhirse**
*Setaria verticillata*

**Gemeiner Efeu**
*Hedera helix*

**Gelbe Reseda**
*Reseda lutea*

**Bambusgras**
*Arundinaria* sp.

**Calytrix**
*Calytrix* sp.

**Hakea**
*Hakea cucullata*

**Wurmfarn**
*Dryopteris filix-mas*

**Steinkraut**
*Alyssum* sp.

**Hirtentäschel**
*Capsella* sp.

**Sternmoos**
*Mnium* sp.

**Rotbuche**
*Fagus sylvatica*

**Australische Silbereiche**
*Grevillea* sp.

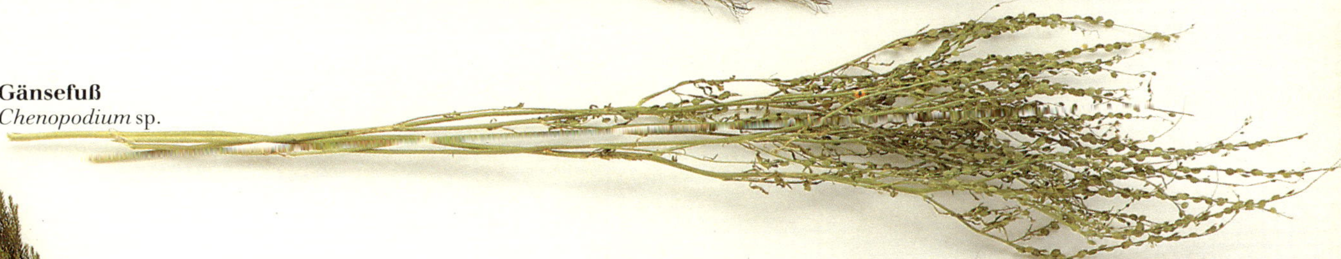

**Gänsefuß**
*Chenopodium* sp.

**Mooskraut**
*Selaginella* sp.

**Jungfer im Grünen**
*Nigella damascena*

**Goldrute**
*Solidago canadensis 'Lemore'*

**Grimmia-Moos**
*Grimmia pulvinata*

**Garten-Fuchsschwanz**
*Amaranthus caudatus 'Viridis'*

**Fieberbaum, Eukalyptus**
*Eucalyptus niphophila*

**Föhre**
*Pinus sylvestris*

**Binse**
*Juncus* sp.

**Großblättrige Hortensie**
*Hydrangea macrophylla*

**Leucadendron**
*Leucadendron* sp.

**Dryandra**
*Dryandra* sp.

**Schilfrohr**
*Phragmites australis*

**Leucadendron**
*Leucadendron stelligerum*
**Karminroter Zylinderputzer**
*Callistemon citrinus*
**Simse**
*Scirpus* sp.
**Orangenblume**
*Choisya ternata*
**Bambusgras**
*Arundinaria* sp.
**Hakea**
*Hakea* sp.
**Schilfrohr**
*Phragmites australis*

**Gerste mit dunklen Grannen**
*Hordeum* sp.
**Breitblättriger Rohrkolben**
*Typha latifolia*
**Rotangpalme, Spanisches Rohr**
*Calamus* sp.
**Schmalblättriger Rohrkolben**
*Typha angustifolia*
**Lecythis**
*Lecythis usitata*
**Kiefernzapfen**
*Pinus* sp.
**Leucadendron**
*Leucadendron rubrum*
**Beifuß**
*Artemisia vulgaris*

**Mexikanische Strobe**
*Pinus ayacahuite*

**Föhrenzapfen**
*Pinus sylvestris*

**Lärchenzapfen**
*Larix* sp.

**Sumpfeiche**
*Quercus palustris*

**Indische Lotosblume**
*Nelumbo pucifera*

**Sandbirke, Weißbirke**
*Betula pendula*

**Schilfrohr**
*Phragmites australis*

**Hirse**
*Milium* sp.
**Artischocke**
*Cynara scolymus*
**Jungfer im Grünen**
*Nigella damascena*
**Zierlauch**
*Allium aflatunense*
**Gemeiner Hopfen**
*Humulus lupulus*

**Papyrusstaude**
*Cyperus papyrus*

**Schwingel**
*Festuca* sp.

**Segge**
*Carex* sp.

**Blasenspiere**
*Physocarpus* sp.

**Leucadendron**
*Leucadendron* sp.

# Blau und Violett

Dies sind nun die gedämpfteren Farben am kühlen Ende des Regenbogens. Blau kann – als Farbe der Ozeane und Gletscher – ungemein kalt wirken, aber es ist auch die Farbe eines wolkenlosen Himmels, die Erinnerung an warme, sonnige Tage wachruft. Doch erinnern Sie sich, daß das Himmelsblau entsteht, weil die Sonnenstrahlen durch winzige Eispartikelchen in der Erdatmosphäre gebrochen werden. Und der Reiz des Blaus im Sommer ist seine Kühle.

Purpur wirkt nicht ganz so kühl. Er ist die Farbe in weiter Ferne verschwimmender Gegenstände, verblichenen Pomps und hohen Alters. In Trockenarrangements läßt sie sich nicht ganz einfach verwenden, da sie leicht eine düstere Wirkung erzeugt. Violett und Pflaumenfarben können hingegen interessant mit Himmelblau und anderen Blautönen sowie Türkis kombiniert werden.

In diesem Farbbereich befinden sich nur wenige Trokkenblumen, die aber nicht vergessen werden sollten. Kornblumen und verschiedene Ritterspornarten lassen sich gut trocknen und bewahren dabei sogar ihre tiefe Färbung. Auch blaue und fliederfarbene Hortensien verblassen kaum, doch sind sie schwerer zu trocknen. Sie müssen am Strauch bleiben, bis die winzigen, eigentlichen Blüten, die in den farbigen Brakteen sitzen, welken. Erst dann werden die Blütenköpfe gepflückt und zum Trocknen entweder aufgehängt (s. Seite 172) oder mit wenig Wasser, das im Laufe der Zeit verdunstet, aufrecht in eine Vase gestellt (s. Seite 170). *Limonium sinuatum*, Prachtscharte und Fuchsschwanz bewahren schöne, kräftige Töne, Lavendel verliert dagegen beim Trocknen leicht die Farbe und wirft oft seine Blüten ab.

**Miniaturgruppe**
Keine dieser intensivblauen Minivasen ist höher als 2,5 cm, doch zusammen im Arrangement mit den Trockenpflanzen bilden sie einen dekorativen Blickfang. Ganz links sieht man einen einzelnen einsamen Stengel Meerlavendel, in der Mitte stecken Kornblumen in einer Hortensienblüte, und vorn steht ein winziges, aber wunderhübsches Lavendelsträußchen.

**Kühles Arrangement**
Die Kombination aus zahlreichen Blau- und Violettönen ergänzt die blau und türkisfarben glasierte Trichtervase aufs schönste. Zu den für das großartige und üppige Arrangement verwendeten Pflanzen gehören Kugeldisteln, Edeldisteln, Meerlavendel und Rittersporn.

**Lavendel**
*Lavandula spica*

**Ackerrittersporn**
*Delphinium consolida*

**Kugeldistel**
*Echinops ritro*

**Großblütiger Meerlavendel**
*Limonium* sp.

**Kleine Kugeldistel**
*Echinops ritro*

**Großblättrige Hortensie**
*Hydrangea macrophylla*
'Generale Vicomtesse de Vibraye'

**Edeldistel**
*Eryngium* sp.

**Edeldistel**
*Eryngium* sp.

**Meerlavendel**
*Limonium* sp.

**Kugeldistel**
*Echinops ritro*

**Fliederfarben angehauchte Miniaturrose**
*Rosa* 'Lilac Paleander'

**Bläuliche Hortensienblüten**
*Hydrangea macrophylla*

**Malvenfarbener Meerlavendel**
*Limonium sinuatum*

**Hoher Rittersporn**
*Delphinium elatum* cv.

**Eisenhut, Sturmhut**
*Aconitum napellus*

**Fuchsschwanz**
*Amaranthus* sp.

**Kornblume**
*Centaurea cyanus*

**Rosavioletter Meerlavendel**
*Limonium sinuatum*

**Violetter Meerlavendel**
*Limonium sinuatum*

**Kleinblütiger Rittersporn**
*Delphinium* sp.

**Prachtspiere**
*Astilbe davidii*

**Fuchsschwanz**
*Amaranthus* sp.

# Weiß, Creme und Silber

Dieses Farbentrio repräsentiert Reinheit, Schlichtheit und Eleganz. Weiß, das als Symbol für Reinheit und Unschuld gilt, kann jedoch ganz unterschiedliche Stimmungen erzeugen. Zusammen mit Gelb steht es auch für Frühling und das Erwachen von Blumen und neuem Leben. Als Kontrast zum Kunterbunt der Sommerfarben strahlt es Ruhe und Kühle aus. Andererseits kann es aber auch die Stimmung bitterer Winterkälte vermitteln.

Cremefarben läßt stets den Eindruck großer Vornehmheit entstehen – es wirkt elegant, edel und charakteristisch. Wie Weiß ist es ein schöner Hintergrund, doch hat es eine Wärme, die Weiß nicht besitzt. Auch Silber ist eine edle Farbe, die uns an reines, kostbares Metall erinnert, seine Vornehmheit wirkt aber eher sanft und unauffällig.

Gemeinsam lassen Weiß, Cremefarben und Silber Arrangements von leichtem, beinahe transparentem Charakter entstehen. Beispielhaft für diese Transparenz sind die Samenschoten des Silberblatts, die allerdings erst offenbar wird, wenn man die äußere Haut abzieht (s. Seite 179).

Sowohl Schleierkraut als auch weiße Sonnenflügel bewahren, wenn man sie an der Luft trocknet, ihr strahlendes Weiß. Schleierkraut stellt man am besten in eine Vase mit wenig Wasser, welches nach und nach verdunstet (s. Seite 170).

**Sanfte Harmonie**
Dieses beinahe vornehm wirkende Arrangement in seinem hellen Weidenkorb setzt sich aus vielen Sträußchen unterschiedlicher Pflanzen zusammen, wie Silberdisteln, Hortensien, Strohblumen, Muschelblumen, Schleierkraut und Silberblatt.

**Pampasgras**
*Cortaderia selloana*
**Meerlavendel**
*Limonium* sp.
**Blaugummibaum**
*Eucalyptus globulus*
**»Mimose«** oder **Akazie**
*Acacia* sp.
**Königskerze**
*Verbascum* sp.
**Kreuzkraut**
*Senecio greyi*
**Wollziest, Eselsohren**
*Stachys lanata*

**Myrtenheide**
*Melaleuca* sp.
**Kleine, vielblütige Strohblume**
*Helichrysum* sp.
**Duftstrauch**
*Olearia* sp.
**Silbergraue Strohblumen**
*Cephalipterum drummondii*
**Miniatur-Strohblume**
*Pithocarpa corymbulosa*
**Silbriges Strohblumenlaub**
*Helichrysum* sp.
**Hasenohr**
*Bupleurum* sp.
**Römische Kamille**
*Anthemis nobilis*
**Stirlingia**
*Stirlingia latifolia*

**Schleierkraut**
*Gypsophila* sp.

**Silberne Strohblume**
*Helichrysum* sp.

**Kingia**
*Kingia australis*

**Sonnenflügel**
*Helipterum manglesii*

**Großblütiger Sonnenflügel**
*Helipterum* sp.

**Serruria**
*Serruria* sp.

**Lachnostachys**
*Lachnostachys* sp.

**Strohblume**
*Helichrysum cordatum*

**Cremefarbener Rittersporn**
*Delphinium* sp.

**Miniatur-Sonnenflügel**
*Helipterum* sp.
**Meerlavendel**
*Limonium* sp.
**Weißer Rittersporn**
*Delphinium* sp.
**Cremefarbener Meerlavendel**
*Limonium* sp.
**Papierknöpfchen**
*Ammobium* sp.
**Ixodia**
*Ixodia* sp.
**Levante-Baumwolle**
*Gossypium herbaceum*
**Agonis**
*Agonis juniperina*
**Pampasgras**
*Cortaderia stelloana*

**Xylomelum**
*Xylomelum angustifolium*
**Stachelähre**
*Acanthus spinosus*
**Eberwurz, Silberdistel**
*Carlina acaulis*
'Caulescens'
**Nelken (Fruchtstand)**
*Dianthus* sp.
**Funkie (Fruchtstand)**
*Hosta* sp.
**Muschelblume**
*Mollucella laevis*
**Großblättrige Hortensie**
*Hydrangea macrophylla*
**Garten-strohblume**
*Helichrysum bracteatum*
**Lapsana**
*Lapsana* sp.
**Weiße Teehybrid-Rose**
*Rosa*
'Jack Frost'
**Sphagnum, Sumpfmoos**
*Sphagnum* sp.

**Lauch**
*Allium* sp.
**Herkuleskraut**
*Heracleum sphondylium*
**Gänsefuß**
*Chenopodium* sp.
**Klatschmohn (Samenkapsel)**
*Papaver rhoeas*
**Verticordia**
*Verticordia* sp.
**Pampasgras**
*Cortaderia selloana*
**Aphyllanthes**
*Aphyllanthes* sp.
**Cacalia**
*Cacalia* sp.
**Vielblütiger Sonnenflügel**
*Helipterum* sp.
**Sphagnum, Sumpfmoos**
*Sphagnum* sp.

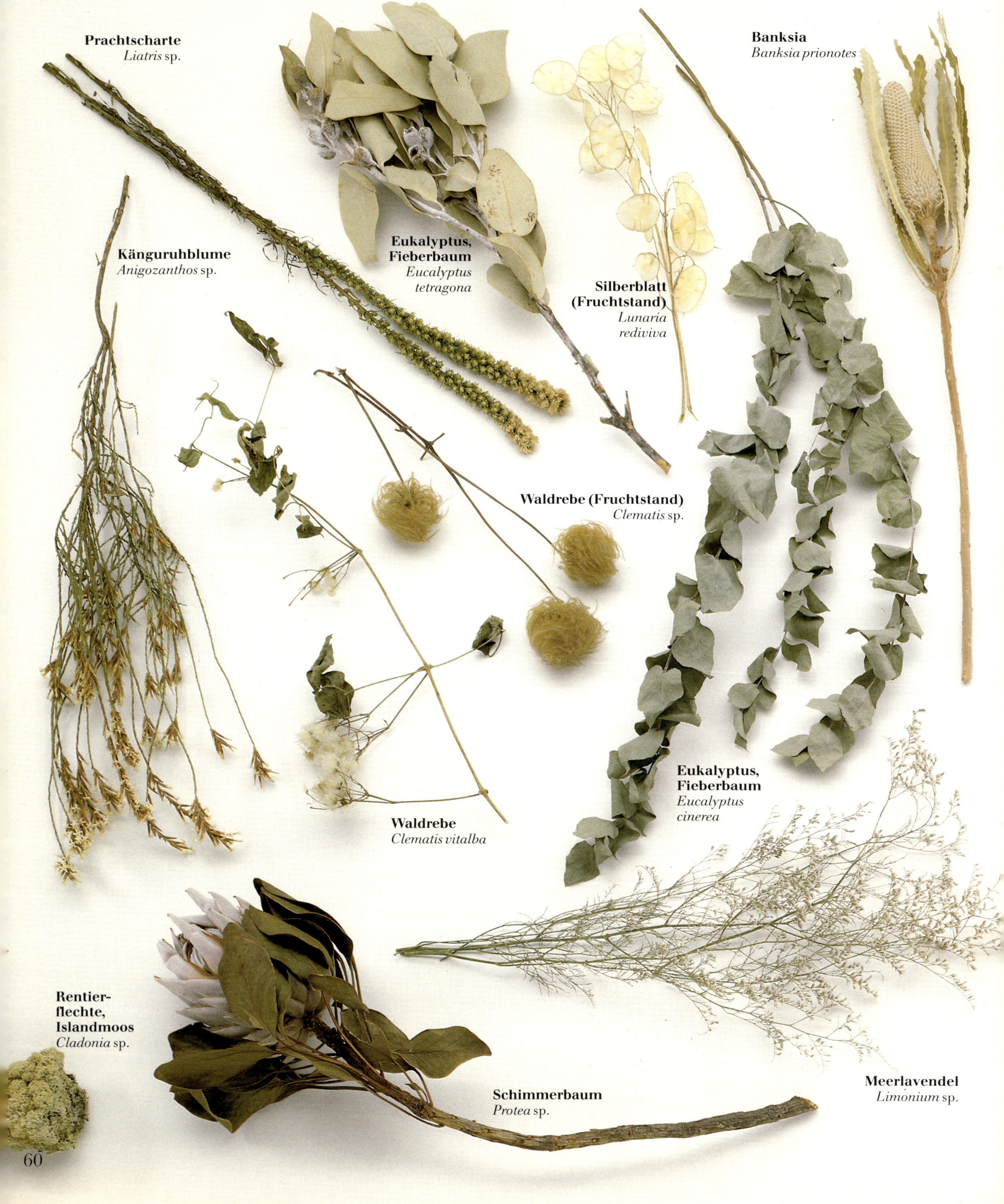
**Prachtscharte**
*Liatris* sp.
**Eukalyptus, Fieberbaum**
*Eucalyptus tetragona*
**Silberblatt (Fruchtstand)**
*Lunaria rediviva*
**Banksia**
*Banksia prionotes*
**Känguruhblume**
*Anigozanthos* sp.
**Waldrebe (Fruchtstand)**
*Clematis* sp.
**Waldrebe**
*Clematis vitalba*
**Eukalyptus, Fieberbaum**
*Eucalyptus cinerea*
**Rentierflechte, Islandmoos**
*Cladonia* sp.
**Schimmerbaum**
*Protea* sp.
**Meerlavendel**
*Limonium* sp.

# WERKZEUGE, MATERIALIEN UND GRUND-TECHNIKEN

Zum Arrangieren von Trockenpflanzen sind nur wenige einfache Werkzeuge und Materialien erforderlich, und alles, was Sie benötigen, wird im folgenden Kapitel gezeigt. Darüber hinaus finden Sie hier die Arbeitstechniken, die Sie kennen sollten, um gelungene Kompositionen selbst zu schaffen. Wer diese Techniken einmal beherrscht, kann sowohl die im folgenden Kapitel gezeigten klassischen Gebinde und Gestecke gestalten als auch eigene Ideen verwirklichen. Da das Gefäß für jedes Arrangement sehr wichtig ist, bringen wir hier eine große Auswahl, zusammen mit Vorschlägen, wie man die Gefäße verändern kann, damit sie einem bestimmten Verwendungszweck gerecht werden.

# Werkzeuge und Materialien

Dem professionellen Floristen steht eine Fülle an Zubehör zur Verfügung, doch vieles wird nur gelegentlich benötigt. Unten sehen Sie die Materialien und Werkzeuge, die Sie für die in diesem Buch gezeigten Arrangements am häufigsten brauchen. Die wichtigsten Hilfsmittel sind eine gute Floristenschere, ein stabiles Messer mit Stahlklinge und Steckmasse, aber auch die anderen Materialien und Werkzeuge sind immer wieder nützlich und in vielen Blumengeschäften und Gartencenter erhältlich.

**Holzstäbe**
Sie können verwendet werden, um die Stiele schwerer Blüten zu verlängern oder zu ersetzen.

**Klebstoff**
Mit rasch trocknendem, farblosem Klebstoff klebt man Pflanzenmaterial zusammen oder an Gefäßen fest. Er dient auch zum Fixieren der Steckmasse am Gefäßboden.

**Trocken-Steckmasse**
Man bekommt sie in verschiedenen Formen, doch am nützlichsten sind Blöcke, die man nach Belieben passend zuschneiden kann.

**Knetbare Steckmasse**
(oasis-fix)
Sie ist in Rollen erhältlich und haftet auch auf glatten Oberflächen gut.

**Pinholder**
Mit diesen kleinen Kunststoffhaltern fixiert man Steckmasse in Schalen.

**Kükendraht**
Am besten kauft man dieses feinmaschige Drahtgeflecht in 30 cm breiten Rollen. Man verwendet es als Steckunterlage und zum Stützen von Stengeln.

**Gips**
Gips ist ein preiswertes Haltemittel für kopflastige Arrangements.

**Ton** (für Floristenbedarf)
Er ist teurer als Gips, aber leichter zu verarbeiten und eignet sich auch zum Beschweren von Gefäßen.

**Draht und Schnur**
Hier ist eine Auswahl unterschiedlicher Drahtarten gezeigt. Blumendraht (für künstliche Stengel) bekommt man in verschiedenen Stärken und in Längen von 10 bis 45 cm. Daneben gibt es 15 cm langen, feinen, silbernen Rosendraht. Er ist ebenso auf Rollen im Handel, wird dann aber auch als Silberdraht bezeichnet. Myrten- oder Bindedraht ist etwas dicker und häufig schwarz. Schnur sollte fest, aber nicht zu dick sein.

**Klebeband**
Es eignet sich gut zum Zusammenkleben von Steckmassenstücken.

**Schneidewerkzeuge**
Zum Schneiden von Pflanzenmaterial und dünnem Draht verwendet man eine gute Floristenschere. Darüber hinaus sind erforderlich: ein Küchenmesser mit Stahlklinge, ein Messer mit sehr langer Klinge zum Schneiden von Steckmasse, eine Gartenschere für dicke Stengel und eine Drahtschere für dicke Drähte und Drahtgeflecht.

**Blumenband** (Guttacoll)
Dieses Blumenband aus Gummigrundstoffen wird zum Umwickeln von angedrahteten Stengeln benutzt, um sie natürlicher wirken zu lassen. Man bekommt es in Hellgrün, Dunkelgrün, Braun und Weiß.

# Andrahten

Blumen, Blätter und andere Planzenmaterialien müssen oft angedrahtet werden, weil die Stengel zu kurz oder brüchig sind. Wählen Sie aus der auf Seite 63 gezeigten Auswahl einen Blumendraht in der gewünschten Länge, der ausreichend stabil und biegsam ist. Auch abgebrochene Stengel können mit Blumendraht verlängert werden. Den unansehnlichen Draht umwickelt man mit Blumenband.

**Eine Blüte andrahten**

**1** Fast alle Strohblumen-Arten haben schwache Stengel. Zum Andrahten einer Blüte braucht man eine Floristenschere, mittelstarken Blumendraht in der gewünschten Länge und eine Rolle feinen Rosendraht, die in eine Tasse gelegt wird, damit sie sich nicht abwickelt. Den Blütenstiel auf etwa 3 cm kürzen.

**2** Den Blumendraht so an den Stiel halten, daß das Ende die Blütenbasis berührt. Etwas Rosendraht von der Rolle abwickeln.

**3** Während man Blütenstiel, Blumen- und Rosendraht festhält, wickelt man den Draht darum – am Anfang 5 cm Rosendraht herabhängen lassen.

**4** Stiel, Blumen- und herabhängenden Rosendraht auf etwa 8 cm Länge fest umwickeln. Den Rosendraht abschneiden und nach innen stecken.

**Gartenstrohblume**
*Helichrysum bracteatum*

**Hortensie**
*Hydrangea macrophyla*

**Dryandra**
*Dryandra quercifolia*

**Teehybrid-Rose**
*Rosa* 'Golden Times'

**Teehybrid-Rose**
*Rosa* 'Sonia'

**Stengel verlängern**
Man kann hohle Stengel verlängern und biegsam machen, indem man einen Blumendraht hineinsteckt.

## Den Draht kaschieren

**Den Draht mit Band umwickeln**

**5** Die angedrahtete Blüte wie gezeigt halten. Das Ende einer Rolle Blumenband im Winkel von 45° unter den Stiel legen.

**6** Die Ecke des Bandes umfalten. Das Band straff spannen und nun den Draht drehen, so daß es sich – an den Kanten überlappend – um ihn legt. Den Draht auf der ganzen Länge umwickeln. Das Band etwas über das Ende hinausstehen lassen, es dann zusammendrehen und abbrechen.

## Zapfen andrahten

1

2

3

**1** Für Zapfen wird dicker Blumendraht verwendet. Das Drahtende so in den unteren Schuppenring legen, daß 5 cm überstehen.

**2** Den Draht fest um den Zapfen wickeln und die Enden zusammendrehen.

**3** Den zusammengedrehten Draht unter den Zapfen biegen. Das lange Ende muß wie ein Stengel in der Mitte sitzen. Das kürzere sauber abknipsen und den Draht auf der ganzen Länge mit Guttaperchaband umwickeln, wie auf Seite 65 beschrieben.

## Blumenbüschel andrahten

**1** Einen Blumendraht mittlerer Stärke unten an den Stengel anlegen und ihn 5 cm weiter oben hinter die Stengel biegen.

1

2

**2** Das lange Ende des Blumendrahtes so um das kurze Ende und die Stengel wickeln, daß diese wie gezeigt verlängert werden.

**Teehybrid-Rose**
*Rosa* 'Golden Times'

**Hasenohr**
*Bupleurum* sp.

**Strohblume**
*Helichrysum* sp.

**Strohblume**
*Helichrysum* sp.

**Gartenfuchsschwanz**
*Amaranthus caudatus* 'Viridis'

**Zuckerkiefer**
*Pinus lambertiana*
**Gemeine Kiefer, Föhre**
*Pinus sylvestris*
**Rotfichte**
*Picea abies*
**Lärche**
*Larix* sp.
**Lärche**
*Larix* sp.
**Montereykiefer**
*Pinus radiata*
**Gemeine Kiefer, Föhre**
*Pinus sylvestris*
**Gemeine Kiefer, Föhre**
*Pinus sylvestris*

# Gefäße und Steckunterlagen vorbereiten

Damit Gestecke auch gelingen, sind sorgfältige Vorbereitungsarbeiten erforderlich. Hierzu gehört, daß das zu verwendende Gefäß entsprechend hergerichtet wird, um Blumen darin arrangieren zu können, oder daß Sie eine Steckunterlage anfertigen, sofern Sie diese nicht fertig kaufen möchten. Diese Arbeiten kosten zwar Zeit, doch lassen sich die Pflanzen anschließend rascher arrangieren.

**Weidenkorb**
Steckmasse und Moos wie unten gezeigt verwenden.

**Mooskranz**
Diese Steckunterlage besteht aus einem mit Sphagnum gefüllten Kükendrahtring (s. Seite 73).

**Wie man einen Korb vorbereitet**

1

**1** Benötigt werden: etwas trockenes Sphagnum, ein scharfes Messer, ein Stück Klebeband, mittelstarker Blumendraht und genügend Steckmasse für den Korb. – Zunächst den Korbboden auf ein großes Stück Steckmasse drücken.

2

**2** Der Abdruck dient als Hilfe, um die Steckmasse zuschneiden zu können, die so fest wie möglich im Korb sitzen muß.

3

**3** Ein zweites – gewölbtes – Stück so zuschneiden und daraufsetzen, daß es 2 bis 3 cm über den Korbrand hinaussteht. Das Ende eines Blumendrahtes zu einer Öse biegen, das Klebeband durchstecken und beides wie Nadel und Faden durch die Innenseite des Korbrandes ziehen.

**4** Das Band so weit durchziehen, daß es den Korb wie gezeigt überspannt und auf beiden Seiten etwa 8 cm übersteht. Das Band abschneiden. Das durchgezogene Ende um den Korbrand legen und auf das lange Stück kleben.

4

**Kugel**
Hier wurde eine Kugel aus Kükendraht und Steckmasse mit Sphagnum umhüllt (s. Seite 70).

**Teller oder Untersetzer**
Flache Tonuntersetzer füllt man am besten mit einem gewölbten Stück Steckmasse, das man unter silbrigem Islandmoos versteckt (s. Seite 70).

**Kranz aus Pflanzentrieben**
*Actinidia-chinensis*-Triebe können zu einem Kranz verflochten werden (s. Seite 72/73).

**Flache Schale**
Für eine offene Keramikschale benötigt man Steckmasse und Sphagnum (s. Seite 70).

**5** Das Band über die Steckmasse spannen, auf der anderen Seite durch den Korbrand fädeln und straffziehen. Die »Nadel« entfernen und das Band befestigen. Bei einem großen Korb sind eventuell mehrere Klebebandstreifen notwendig, damit die Steckmasse nicht verrutscht.

**6** Die Steckmasse dünn mit Sphagnum bedecken. Dabei darauf achten, daß Lücken am Rand des Korbes aufgefüllt werden. Betrachten Sie den Korb oben links: Der unansehnliche Kunststoff ist nicht mehr zu sehen.

## Eine Schale vorbereiten

Ein Stück Steckmasse passend für die Schale zuschneiden und auf einen Pinholder setzen, der mit Steckmasse am Schalenboden fixiert wurde (s. Seite 62).

## Einen Untersetzer vorbereiten

Ein gewölbtes Stück Steckmasse zuschneiden, gegebenenfalls zwei Blöcke verwenden, die fest mit Klebeband verbunden werden. Die Steckmasse mit geeignetem Klebestoff im Untersetzer fixieren.

## Eine bauchige Vase vorbereiten

Ein lockeres Kükendrahtknäuel so in die Vase stecken, daß es fest darin sitzt und einen guten Halt hat.

## Eine Mooskugel anfertigen

Mooskugeln verschiedener Größe werden für hängende Arrangements und Bäumchen verwendet.

**1** Ein 30 cm breites Stück Kükendraht zuschneiden; es muß etwas länger als der gewünschte Kugelumfang sein. Auf dem Draht Steckmassenstücke aufschichten. Diese mit einer Hand festhalten und das Drahtgeflecht auf einer Seite darüberbiegen.

**2** Nun auch die anderen Ränder des Drahtgeflechts vorsichtig nach oben biegen und dabei weitere Steckmasse auffüllen, so daß eine Kugel entsteht. Kükendraht und Steckmasse mit den Händen modellieren, um Unebenheiten auszugleichen. Scharfe Drahtenden nach innen schieben.

**3** Das Ende einer Rolle Myrtendraht (s. Seite 63) an die Kugel knoten, dabei ein einige Zentimeter langes Ende hängen lassen. Moosstücke auf das Geflecht legen, festhalten und zum Befestigen die Kugel mit Draht umwickeln. Da sich der dunkle Draht nicht vom Moos abhebt, kann man dabei sehr großzügig verfahren.

**4** Ist die Kugel vollständig mit Moos umhüllt, den Myrtendraht wieder zum Anfangsknoten zurückführen. Abknipsen, beide Enden verknoten und im Moos verstecken.

**Eine kleine Kugel formen**
Aus Steckmasse läßt sich leicht jede gewünschte Form modellieren. Eine kleine Kugel wird wie folgt angefertigt:

**1** Einen Block Steckmasse mit einem scharfen Messer würfelförmig zuschneiden und die Ecken mit dem Messer abrunden.

**2** Nach und nach alle Kanten glätten, bis eine Kugel daraus geworden ist.

**Glasgefäße vorbereiten**
Gewöhnlich sind die Stengel von Trockenpflanzen unansehnlich, und besonders häßlich wirken sie in Glasgefäßen. Dieses Problem läßt sich verhältnismäßig einfach beseitigen, indem man das Gefäß innen verkleidet. Bei einem rechteckigen Glasbehälter fixiert man zunächst zwei Pinholder in 12 cm Abstand mit knetbarer Steckmasse am Boden. Steckmassenblöcke so zuschneiden, daß zwischen Steckmasse und Gefäßwand rundum gut 1 cm Platz ist. Die Steckmasse auf die Halter setzen und den Zwischenraum mit Potpourri füllen. Blätter und Blüten mit einem Blumendraht zurechtschieben. Das fertige Gefäß ist rechts unten abgebildet.

**Herbststimmung**
Zwischen Glas und Steckmasse rundum 2 bis 3 cm frei lassen. Den Zwischenraum mit goldenem Herbstlaub und Sphagnum ausfüllen.

**Dekoratives Islandmoos**
(unten Mitte)
Bei der Verwendung von Islandmoos darauf achten, daß die silbrigen Enden sichtbar sind.

# Kränze als Steckunterlage

Im Handel angebotene kranzförmige Steckhilfen sind gewöhnlich aus Steckmasse oder anderem Kunststoff. Wer jedoch Größe und Charakter eines Kranzes selbst bestimmen möchte, kann ihn nach einer der unten gezeigten Methoden zu Hause anfertigen. Man benötigt dazu feuchtes oder saftreiches Pflanzenmaterial, das aber vollständig trocknen muß, bevor man Pflanzen hineinsteckt, da das Arrangement anderenfalls rasch unbrauchbar wird. Das Trocknen kann – abhängig von den Gegebenheiten – bis zu einer Woche dauern.

**Wie man einen einfachen Mooskranz anfertigt**

1 An eine handelsübliche oder selbstgefertigte Drahtunterlage eine Rolle Schnur anknoten, dabei ein einige Zentimeter langes Ende hängen lassen. Auf die Unterlage ein dickes Büschel feuchtes Sphagnum legen.

2 Nun kann man damit beginnen, das feuchte Sphagnum und die Drahtunterlage fest und gleichmäßig mit der Schnur zu umwickeln. Danach sollte das Moos einen 2 bis 3 cm dicken Wulst (Mooskranz) bilden.

3 Weitere Sphagnumbüschel überlappend auf den Draht legen und sorgfältig mit Schnur umwickeln. Darauf achten, daß der Wulst gleichmäßig dick wird.

4 Ist der Ausgangspunkt wieder erreicht, den Kranz mit einem überlappenden Büschel Moos schließen. Die Schnur abschneiden und die beiden Enden zusammenknoten.

**Einen Kranz aus Trieben formen**
Zur Herstellung eignen sich die Triebe verschiedener Kletterpflanzen. Sie müssen biegsam und etwa 1,3 m lang sein. Für den hier gezeigten Kranz wurden Kiwi-Triebe verwendet.

1 Eine Rute zu einem Ring in der gewünschten Kranzgröße biegen und die Enden fest mit Bindedraht zusammenfügen.

2 Nahe der Bindestelle eine zweite Rute ansetzen und sie um den Ring winden.

## Eine Steckunterlage aus Moos und Kükendraht anfertigen

**1** Ein 30 cm breites Stück Kükendraht abschneiden. Die Länge muß dem gewünschten Kranzumfang entsprechen. Das Geflecht flach hinlegen und an einer Längskante feuchtes Sphagnum daraufsetzen.

**2** Den Draht eng um das Moos wickeln, so daß eine feste Rolle von etwa 3,5 cm Durchmesser entsteht. Beim Aufwickeln das Moos gegebenenfalls in die Rolle stopfen und scharfe Drahtenden nach innen biegen.

**3** Die Rolle nun nach und nach vorsichtig zu einem ringförmigen Gebilde biegen. Die Enden dürfen sich nicht überlappen, sondern werden sauber zusammengenäht.

**4** An einem Ende der Rolle Bindedraht befestigen, dabei ein einige Zentimeter langes Stück hängen lassen. Den Kranz zusammennähen. Die Enden des Bindedrahtes verknoten und in das Moos stecken.

**3** Weitere Ruten hinzufügen, dabei darauf achten, daß Zwischenräume entstehen. Den Draht entfernen, sobald der Kranz in sich stabil ist und ihn anschließend trocknen lassen.

# Die Auswahl der Gefäße

Für Trockenarrangements ist in der Regel ein dekoratives Gefäß erforderlich wie beispielsweise ein Korb, eine Vase, ein Untersetzer oder eine Schale. Die richtige Wahl ist von großer Bedeutung, da die Wirkung eines gelungenen Arrangements auf dem Zusammenspiel von Gefäß und Pflanzenmaterial beruht und ungleich größer ist als von beidem allein. Zwischen Größe, Form, Farbe und Struktur von Gefäß und Pflanzen sollte vollkommene Harmonie herrschen, damit sie zusammen so natürlich wirken, als seien sie schon immer füreinander bestimmt gewesen. Ein Fehler in dieser Beziehung kann die Wirkung des schönsten Blumenarrangements zerstören.

Wie Sie in dem Kapitel Grundregeln der Gestaltung ab Seite 107 sehen werden, hängt die Wirkung jedes Arrangements auch von seiner Umgebung ab. Farbe und Struktur von Wänden und Böden, die Fläche, auf der das Arrangement steht, der Raum, den es einnimmt, der Blickwinkel, aus dem es betrachtet wird – all diese Faktoren sind zu berücksichtigen. Mit dem beabsichtigten Standort vor Ihrem geistigen Auge können Sie sich entweder zuerst für das Gefäß oder für die Pflanzen entscheiden. Manchmal kann das Gefäß aufgrund einer besonderen Eigenschaft – beispielsweise seiner Oberflächenstruktur oder Farbe – die Auswahl der Pflanzen nahelegen. Ganz allgemein ist es aber schwieriger, ein passendes Gefäß für bestimmte Blumen zu finden, als umgekehrt.

Gefäße mit auffälligen Mustern oder leuchtenden Farben erfordern entweder Kompositionen von klarer Schlichtheit oder dramatischer Wirkung, da andernfalls das Gefäß zum dominierenden Element wird. Umgekehrt bieten sich Behälter mit einfachen Formen und dezenten Farben besonders für Arrangements mit ausgefallenen Farbkombinationen und ungewöhnlichen Strukturen an.

**Das vielfältige Angebot**

Die Bandbreite an geeigneten Gefäßen ist nahezu unbegrenzt. Sie müssen auch nicht teuer sein, ja nicht einmal wasserdicht. Und vermutlich verstecken sich überall in Ihrer Wohnung Gefäße, von denen Sie nie gedacht hätten, daß sie sich für Trockenblumenarrangements eignen.

Am besten stellen Sie eine Auswahl zusammen, die dann bei Bedarf stets griffbereit ist. Dazu sollten Gefäße in Farben, Mustern und Strukturen gehören, die Sie bsonders mögen, und auch solche, die gut zu Ihrer übrigen Inneneinrichtung passen. Sammeln Sie bauchige, zylindrische, würfel- und trichterförmige Gefäße ebenso wie klassische Formen und aufregende, moderne Designs. Sie können aus Flechtwerk, Ton, Holz, Stein, Metall oder Glas bestehen und schlicht, verspielt oder dynamisch geformt sein. Heben Sie alle Behälter auf, die Ihnen gefallen – welche Form und Größe sie auch haben mögen. Denken Sie aber daran, daß sich Pflanzen in Gefäßen, deren Öffnungen etwas kleiner sind als der Körper, leichter arrangieren lassen.

In der Küche werden Sie sicherlich einige Glasgefäße

**Ein farbenfroher Korb**
Zu den Pflanzen dieses großartigen Sommerarrangements gehören Gartenfuchsschwanz, Zylinderputzer, Garben und Hortensien, Leucadendron-Fruchtstände und Mohnkapseln, Rosen, Rittersporn und Sonnenflügel, silbriges Helichrysum-Laub und Birkenzweige. Alle diese Blumen wiederholen die Farben des Korbes.

Obwohl dies ungewöhnlich ist, wurde das Muster erst nach Auswahl der Pflanzen mit Hilfe von einfachen Pappschablonen auf den Korb gesprüht. Es besteht aus roten und rosafarbenen Schrägbändern sowie kleineren silbernen, grünen und braunen Streifen.

wie beispielsweise ein Trinkglas, einen Krug oder eine Schüssel entdecken, und vielleicht besitzen Sie sogar ein Goldfischglas oder ein kleines Aquarium. Andernfalls können Sie diese Dinge auch recht preiswert kaufen. Glasgefäße sollten stets mit Moos, Blüten oder Blättern ausgekleidet werden, da die Stengel von Trockenblumen nicht so hübsch aussehen wie die frischer Blumen (s. Seite 71).

Besonders nützlich sind auch Gefäße aus Holz, da dieses Material außerordentlich gut mit getrockneten Pflanzen harmoniert. Aus der großen Vielfalt an Möglichkeiten könnten Sie beispielsweise eine Salatschüssel aus Olivenholz oder einen kleinen Kasten mit Intarsien auswählen. Eine rauhe Holzkiste, in der einmal Sämlinge gezogen wurden, ist für ein Arrangement geeignet, das eine bemooste Fläche nachempfindet, oder man füllt sie mit kurzen, leuchtend gefärbten Strohblumen, deren Köpfe gerade über den Rand schauen. Bedienen Sie sich der verblichenen Töne von altem bemaltem Holz oder der funkelnden Farben indischer und japanischer Lackarbeiten, um ganz besondere Arrangements zu gestalten.

Auch Körbe zeichnen sich durch ihre Natürlichkeit aus. In Frage kommen Papierkörbe, Einkaufskörbe, ein alter Nähkorb, ein Brotkorb, oder – für ein Bodenarrangement – ein schwerer Holzkorb.

Experimentieren Sie mit Kuchenformen, alten Kupfergefäßen und Eisentöpfen oder – im anderen Extrem – vielleicht mit einem Silberkrug aus dem 18. Jahrhundert, einem ovalen Zinngefäß oder einer Jugendstilvase aus Messing.

Wählen Sie Keramikgefäße mit interessanten Glasuren, die metallisch glänzen, genarbt oder auch rauh sind. Durchforsten Sie Ihren Garten – falls Sie einen besitzen – nach Tontöpfen, und richten Sie dabei Ihr Augenmerk insbesondere auf bemooste Oberflächen. Auch Tonuntersetzer lassen sich in herrliche Trockenblumengärten verwandeln.

Vielleicht finden sich im Garten sogar Steingefäße wie Urnen und Kübel. Mit einem riesigen Strauß Trockenblumen kommen sie großartig zur Geltung, denn die neutralen Farben des Steins ergänzen fast jede Farbkombination aus Blüten und Blättern gut.

**Einfach, aber wirkungsvoll** (rechts)
Diese außergewöhnliche türkis glasierte Vase verlangt nach einem schlichten Blumenschmuck. Ihre Trichterform und die leicht unebene Oberfläche werden durch das wirbelnde weiße Meer der winzigen Schleierkrautblüten phantastisch ergänzt. Fast hat man den Eindruck, als seien die Blumen in der Vase gewachsen.

**Teller mit Blumenschmuck**
Ein wunderschön gemalter französischer Fayenceteller aus dem 18. Jahrhundert inspirierte zu diesem Arrangement aus dunklen, intensiv gefärbten Rosenblüten, die sich an Rosenlaub schmiegen. Die dazwischengestreuten leuchtendblauen Kornblumen nehmen das Blumenmotiv des Tellerrandes wieder auf. Durch Hinzufügen einiger hellerer Rosenblüten wirken die anderen Farben noch intensiver.

## Eigene Ideen verwirklichen

Häufig erzielt man mit individuell gestalteten Gefäßen besonders schöne Ergebnisse. So können Sie beispielsweise ein vorhandenes Gefäß einfach bemalen oder verkleiden und vielleicht einen hellen Henkelkorb in einer zu den Blumen passenden Farbe streichen. Oder schneiden Sie aus Pappe Schablonen und sprühen Sie Muster auf. Große, klare Formen sind hier am wirkungsvollsten. Schräge oder senkrechte breite Streifen zum Beispiel eignen sich gut als Grundmuster. Durch Hinzufügen kleiner Flächen in anderen Farben kann man den Eindruck von Struktur erwecken oder die Formen einzelner Blüten wieder aufnehmen.

Eine andere Möglichkeit wäre, einen Korb oder einen einfachen Kücheneimer mit Pflanzenmaterial zu verkleiden, etwa mit Moos, Reisig oder Heu. Interessante Effekte entstehen, wenn man Moos oder Heu mit einigen natürlich aussehenden Blüten kombiniert, wie beispielsweise Sonnenflügeln, Erika, Schafgarben oder Kornblumen. Die Wirkung wird noch verstärkt, wenn diese Blumen auch zum Arrangement gehören. Sie kleben die Verkleidung entweder mit einem rasch trocknenden Klebestoff auf oder wickeln das Pflanzenmaterial um das Gefäß und binden es mit Bast oder Band fest. Auf Seite 84/85 finden Sie einige Möglichkeiten zur Gestaltung individueller Gefäße.

# Korbwaren und Holz

Holzgefäße wie auch Körbe haben eine ganz besondere Beziehung zu getrockneten Blumen, da auch sie pflanzlichen Ursprungs sind. Beide Arten von Behältern wirken natürlich und unaufdringlich. Sie lassen sich mit einer großen Zahl von Pflanzen kombinieren, die von exotischen, leuchtend gefärbten Blumen bis hin zu Laub in gedeckten Tönen reichen. Wenn Sie einen Korb mit Farbe besprühen oder Goldfäden hindurchziehen und Holzbehälter anmalen oder lackieren, büßen sie zwar einen Teil ihrer Natürlichkeit ein, die Grundmaterialien scheinen aber dennoch stets ihre sinnliche Lebenskraft zu bewahren.

## Körbe

Körbe können aus allen Pflanzen geflochten werden, die fest und flexibel sind. Am häufigsten benutzt man dazu junge Weidentriebe, die man auch als Ruten bezeichnet. Je nach Behandlung der Rinde reicht ihre Farbe von Strohgelb bis zu kräftigem Rotbraun. Aber auch Hasel- und Ebereschenruten sind zur Korbflechterei geeignet, ferner Eichenholz-Span, Binsen und Schilf sowie die Blätter exotischer Palmen und Bambus-Arten. Es gibt viele dekorative Flechtmethoden, und manchmal werden auch Materialien wie Kunststoff oder Pappe mitverarbeitet, um den Korb zu stabilisieren und zu verschönern. Versuchen Sie Ihr Arrangement auf den Charakter des Korbes abzustimmen, indem Sie Pflanzen verwenden, die eine oder mehrere Farben des Korbes wiederholen. Sie können auch die Struktur oder Form weiterführen und – sofern vorhanden – den Griff oder Deckel mit einbeziehen.

Körbe gibt es so klein wie Pillendosen und so groß wie Wäschetruhen, und ebenso verschieden sind auch die Möglichkeiten, Trockenblumen in ihnen zu arrangieren. Natürlich wäre es sehr teuer, einen großen Korb mit Steckmasse zu füllen; als preiswerte Alternative kann man jedoch Styroporstücke (aus Verpackung oder dem Supermarkt) oder zusammengeknülltes Zeitungspapier verwenden und über diesem Füllmaterial eine Schicht Steckmasse befestigen.

## Holz

Wie Körbe passen auch Holzgefäße zu beinahe allen Gestecken aus getrockneten Blumen, Blättern und Fruchtständen. Altes Holz harmoniert beispielsweise wunderbar mit einem Arrangement, das auf die Farben eines antiken Wandbehangs abgestimmt wurde. Wirkungsvoll ist auch bemaltes und lackiertes Holz, das zusammen mit Pflanzenmaterial ähnlicher Färbung verwendet wird. Sie können Salatschüsseln benutzen, einen Besteckkasten, eine alte, nicht mehr gebrauchte Schublade oder Holzkisten aller Art, von denen manche auch eingelegt oder bemalt sein können. Im Gartenschuppen finden Sie vielleicht alte Saatkisten, Spankörbe oder Siebe, in denen sich reizvolle Gestecke arrangieren lassen. Second-hand-Läden und Trödelmärkte sind ebenfalls eine wahre Fundgrube, wenn man auf der Suche nach Holzgefäßen dieser Art ist.

**Körbe**
Alle diese Körbe eignen sich für fast jedes erdenkliche Blumenarrangement. Die Wirkung ist jedoch interessanter, wenn sich die Farben des Korbes im Arrangement wiederholen. Verwenden Sie für hellere Körbe Blumen mit Pastelltönen und zarten Strukturen und für die dunkleren kräftiger gefärbte Materialen. Henkel können einbezogen, versteckt oder ganz entfernt werden.

**Holzgefäße**
Auf dem unteren Bord finden sich ganz unterschiedliche Holzgefäße wie beispielsweise ein Besteckkasten und ein Stück ausgehöhlte Borke. Der bemalte Behälter war einmal als Papierkorb gedacht.

# Keramik

Dank der Geschmeidigkeit des Tons gibt es eine unüberschaubare Vielfalt an Keramikgefäßen. Setzt man ein Stück Ton auf eine Töpferscheibe, können sowohl Gefäße von Fingerhutgröße als auch von mehr als einem Meter Höhe entstehen. Eine andere Möglichkeit ist, den Ton in Platten zu schneiden, um glattwandige Vasen zu fertigen. Oder man legt spiralförmig dünne Wülste aufeinander, um auf diese Weise eine fast unbegrenzte Zahl an Gefäßformen zu schaffen, darunter riesige Krüge, in denen sich selbst ein Mensch verstecken könnte. Die Mehrzahl der im Handel angebotenen Töpfe wird jedoch in großen Stückzahlen produziert.

Bei Glasuren gibt es ein breites Spektrum an Farben und Oberflächenstrukturen, obgleich zu Trockenarrangements gedämpfte Töne meist am besten passen. Andererseits können aber auch leuchtend bunte Gefäße, wie die trichterförmige Vase auf Seite 121, eine ganz verblüffende Wirkung haben. Darüber hinaus lohnt es sich, wenn man einige zusammenpassende Vasen etwa mit der gleichen Glasur oder Form besitzt, diese im selben Raum an verschiedenen Plätzen aufzustellen, denn sie können sich in ihrer Wirkung wunderbar ergänzen.

**Keramiktypen**

Es gibt verschiedene Keramikarten, die sich durch die verwendete Tonart und ihre Brenntemperatur unterscheiden. Irdenware brennt man bei relativ niedrigen Temperaturen. Sie läßt sich leicht dekorieren und hat eine stark glänzende Oberfläche. Bei der Mehrzahl der Vasen, die man in den Geschäften sieht, handelt es sich um Irdenware, aber Vorsicht: Trockenblumen kommen in ihnen nicht immer optimal zur Geltung, insbesondere dann nicht, wenn es sich bei den reichen Verzierungen um naturalistische Blumendekors handelt.

Irdenware aus dem 18. und frühen 19. Jahrhundert hat eine ganz andere Qualität, denn die Zeit hat den Glasuren ein sanfteres Aussehen gegeben (betrachten Sie etwa die Schüssel auf Seite 119). Da Gefäße aus dieser Epoche recht wertvoll sind, sollte man sie so plazieren, daß sie nicht umgeworfen werden können, beispielsweise in die Mitte eines Tisches.

Die Oberflächen von Gefäßen, die bei hohen Temperaturen gebrannt wurden (Steinzeug), haben einen steinartigen Charakter, und sie harmonieren selbst dann mit Trockenblumen, wenn sie in kräftigen Farben glasiert sind. Auch Porzellan wird bei hohen Temperaturen gebrannt, doch hat es eine reflektierende und glasartige, wenn auch opake Oberfläche. Wie bei glänzender Irdenware ist es wiederum ratsam, für Trockenarrangements nicht zu stark dekorierte Gefäße zu verwenden.

Durchforsten Sie Ihre Küche nach einfachen Keramikgefäßen. Dabei spielt es keine Rolle, ob eine Schüssel oder ein Krug einen Sprung hat, denn es wird kein Wasser hineingefüllt, und häufig kann das Gefäß so aufgestellt werden, daß man den Schaden nicht sieht. Potentielle Kandidaten sind Auflaufformen, Krüge oder Becher, Zuckerdosen oder vielleicht eine ausrangierte Teekanne, die keinen Deckel mehr hat.

**Kunterbunte Töpferwaren**
Hier ist ein ganzes Sammelsurium an Keramikgefäßen abgebildet. Auf dem oberen Bord sehen Sie eine Bonsaischale, eine Keksdose, zwei zusammenpassende Steinzeugvasen und eine kräftigblaue eckige Vase. Auf dem mittleren Bord rechts befinden sich verschiedene Porzellangefäße, wie eine alte Tulpenvase und eine chinesische Schale. Auf dem Bord links davon stehen zwei Kännchen und ein Regenschirmständer und darunter verschiedene Gefäße aus Steinzeug und Irdenware. Rechts sieht man einen großen Steinzeugzylinder mit einem kleineren Gegenstück, eine Auswahl an Vasen und Schüsseln sowie einen Milchkrug.

# Weitere Gefäßtypen

Je schlichter ein Gefäß ist – das ist eine uralte Erfahrung –, desto größer die Auswahl auch an harmonierenden Trockenblumen, die man darin arrangieren kann. Und da Behälter aus Glas, Metall und Terracotta meist einfacher sind als Keramik, eröffnen sie bei der Verwendung von getrocknetem Pflanzenmaterial vielfältigere Möglichkeiten.

## Glas

Für Trockenarrangements hat Glas einen Nachteil: Es ist im allgemeinen durchsichtig und muß ausgekleidet werden (mit Potpourri, Moos oder eventuell auch farbigem Papier), damit die Stiele der Pflanzen nicht sichtbar sind (s. Seite 71). Am einfachsten lassen sich wegen ihrer dezenten Wirkung schlichte rechteckige, quadratische oder zylindrische Glasgefäße verwenden. Buntes Glas schränkt die Auswahl an Pflanzenfärbungen ein und erfordert deshalb mehr Erfindungsgeist. Am problematischsten ist unnatürlich wirkendes, stark reflektierendes Glas, das wie Porzellan ein mehr formales Arrangement erfordern kann.

## Metall

Zu der Bandbreite an Metallgefäßen gehören rustikale, derbe Gegenstände aus Eisen, Blei oder Kupfer, das schon Patina angesetzt hat, Haushaltsgerät, wie Töpfe, Pfannen oder Kuchenformen, und kunstvoll gestaltete Gefäße aus den edelsten Metallen, etwa Pokale, Deckelkrüge, Teller, Schalen, Vasen und Schüsseln. Blaßrosa Blumen, wie Rosen und Rittersporn, kommen in Silber wunderschön zur Geltung. Und sollten Sie der glückliche Besitzer einer goldenen Vase oder Kanne sein, können Sie darin phantastisch goldgelbe Rosen und zarte Farne arrangieren. Das glühende, etwas schlichtere Kupfer und Messing sieht in Kombination mit Blumen hübsch aus, die ebenfalls glühende Farben haben. Derbe Metalle eignen sich für fast jede Blumenzusammenstellung und bilden auch einen perfekten Hintergrund für sattbraune Zapfen und Zweige. Stöbern Sie in Antiquitätenläden und auf Trödelmärkten nach Metallgefäßen aller Art. Altmodische Metallwaagen, ein Kupferkessel oder eine viktorianische Suppenterrine bieten sich für ungewöhnliche, aber wirkungsvolle Trockenarrangements geradezu an. Zeigen Sie bei Ihrer Auswahl Mut und Phantasie!

## Terrakotta

Terrakottagefäße bestehen aus nur einmal gebranntem rotem Ton. Sie sind porös und zumeist unglasiert, was aber für Trockenblumen keine Rolle spielt. Die warme, matte Oberfläche belebt alle Trockenarrangements, und das Angebot an Terrakottagefäßen ist immens. Es reicht von winzigen Untersetzern über Erdbeertöpfe und kunstvolle Urnen bis hin zu riesigen Olivenölkrügen, die in Wulsttechnik gefertigt werden. Und selbst der einfachste Blumentopf kann im Wohnzimmer zu Ehren kommen, wenn die Trockenblumen mit Bedacht arrangiert werden.

**Glasgefäße**
Das Spektrum reicht hier von preiswerten Haushaltsgegenständen wie Spaghettigläsern bis zu den auserlesensten antiken Vasen. Ein antikes Stück wird in jedem Fall den Gestaltungstyp des Arrangements prägen. Halten Sie Ausschau nach winzigen, zarten Glasgefäßen – sie haben Qualitäten, die Ihnen kein anderes Material bieten kann.

**Metallgefäße**
Jedes Metall – und sei es auch rostig – hat einen eigenen Charakter, der durch Blumenarrangements noch betont werden kann. Ausgefallene Kästen und Dosen können ebenso wirkungsvoll sein wie speziell für Topfpflanzen hergestellte Gefäße.

**Terrakottagefäße**
Dieses Material ist verhältnismäßig preiswert und sieht zusammen mit Trockenblumen sehr dekorativ aus. Vielleicht entdekken Sie bei einem Trödler einen alten Vorratskrug oder Topf.

# Verwandelte Behälter

Wenn Sie Gefäße individuell gestalten, bekommen Ihre Arrangements eine sehr persönliche Note. Es gibt zahlreiche Möglichkeiten, Haushaltsgegenstände – wie etwa Papierkörbe und Gemüsekisten – zu verwandeln oder Blumengefäßen auf diese Weise einen zusätzlichen Pfiff zu geben.

**Einen Korb mit Heu verkleiden**

1

**1** Sie benötigen: einen großen Korb (oder auch einen Eimer), genügend Heu, um den Korb mit einer dicken Schicht zu verkleiden, und einige lange Baststücke zum Festbinden des Heus.

2

**2** Das ausgebreitete Heu um den Korb legen und es mit zwei langen Baststücken festbinden, damit es nicht verrutscht.

3

**3** Die Bastenden verknoten, das Heu, falls notwendig, mit weiterem Bast festbinden. Dann wird zurechtgezupft und gestutzt.

**Der fertige Korb**
Beim fertigen Korb halten drei Baststücke das gestutzte Heu zusammen.

**Ein schmucker Korb**
Will man einen Korb durch ein weiteres dekoratives Element bereichern, kann man etwas von dem im Arrangement verwendeten Material an Henkel und Korbrand binden. In diesem Beispiel wurden unbelaubte Birkenreiser mit Bast um Henkel und Rand befestigt.

**Eine moosverkleidete Kiste**
Aus einer hölzernen Gemüsekiste entsteht ein dekorativer Behälter, wenn man sie mit einer zarten Mischung aus getrocknetem Moos und Blüten verkleidet. Hier hat man dazu kleine, rosa blühende Erikazweige, Frauenmantelblüten und Sphagnum verwendet. Die Außenseiten wurden mit relativ rasch trocknendem Klebstoff bestrichen und die Pflanzenmaterialien daraufgedrückt.

# Schleifen binden

Was ist schöner als ein liebevoll eingepacktes Präsent mit einer großen Schleife und geringeltem Geschenkband? Und das gilt auch für Sträuße aus Trokkenblumen – ganz gleich, ob man sie verschenken will oder mit ihnen eine Wand, ein Bord oder eine Fensterbank schmücken möchte. Für die Schleife ist kein besonderes Band erforderlich. Mit einer Vielzahl an Stoffen und Materialien können die unterschiedlichsten Effekte erzielt werden. Eine Schleife gibt dem Strauß den letzten Pfiff und unterstreicht die spezielle Farbkombination.

**Wie man eine einfache Schleife anfertigt**

**1** Ein langes Ende hängen lassen, dann das Band zu einer Acht legen und sie in der Mitte mit Daumen und Zeigefinger festhalten.

**2** Eine große Schlaufe herabhängen lassen und auf die erste Acht eine zweite legen.

**3** Das Band in der Mitte zusammenkneifen, damit diese Stelle dicker wirkt. Silberdraht darumwickeln und die Enden verknoten.

**4** Mit dem gleichen Band die Bindestelle des Straußes verstecken und einen festen Knoten machen.

**5** Die Schleife so auf diesen Knoten legen, daß ein Ende des Bandes oberhalb und das andere unterhalb der Schleifenmitte liegt.

**6** Die Enden über der Schleife verknoten. Alle Bänder schräg abschneiden und die Schleife in Form zupfen.

**Eine geflochtene Schleife**
Eine geflochtene Bastschleife läßt einen Strauß rustikal aussehen. Erst flicht man einen Zopf (s. Seite 88), dann bindet man beide Enden ab, damit »Pferdeschwänze« entstehen. Nun legt man den Zopf zu einer Acht und bindet die Schleife zusammen. Die Schleife mit Bast am Strauß befestigen.

**So macht man eine Mehrfachschleife**

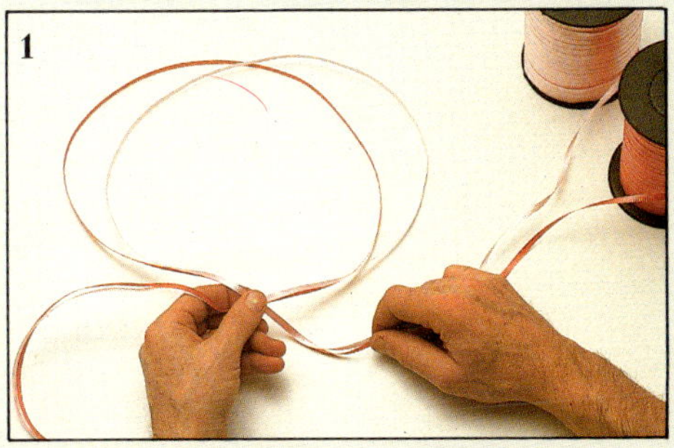

**1** Zwei Rollen Ringelband nehmen und beide Bänder zu einem Ring von etwa 25 cm Durchmesser legen.

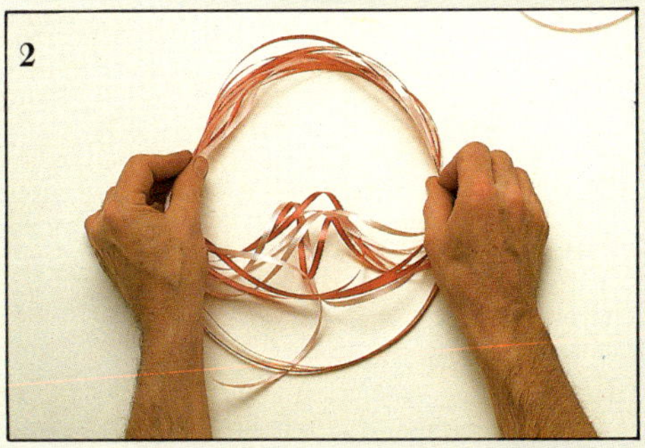

**2** Auf den ersten Ring legt man noch sechs weitere Ringe und hält dann alle an gegenüberliegenden Seiten fest.

**3** Aus den Bändern wie gezeigt eine Acht formen. Der Kreuzungspunkt bildet die Mitte der Schleife.

**4** Die Schleife mit einem weiteren Stück Band in der Mitte zusammenbinden und die Enden abschneiden.

**5** Die Schlaufen mit Zeigefinger und Daumen auseinanderziehen, damit die Schleife locker wirkt.

# Aufhänger für Trockengestecke

Alle hängenden Trockenarrangements, wie Kränze, Blumensträuße und Girlanden, benötigen einen zuverlässigen Aufhänger. Obwohl man ihn in den meisten Fällen nicht sieht, ist doch auch dieses Detail eines Arrangements wichtig. Der Aufhänger sollte stets zum Gestaltungstyp des Gebindes oder Gestecks passen und muß, selbst wenn er hinten angebracht ist, mit Bedacht ausgewählt werden. Es gibt hier nur eine goldene Regel: Verwenden Sie Materialien, die lange Zeit halten.

**Aufhänger für einen Kranz**

**1** Einen Blumendraht mit Blumenband umwickeln, in der Mitte einen Ring biegen und die Enden von hinten durch die Steckunterlage schieben.

**2** Dann den Draht wieder von vorn nach hinten durch das Moos stecken und die Enden jeweils rechts und links in den Kranz schieben.

**3** Der Aufhänger sitzt nun auf der Rückseite des Kranzes in der Mitte. Die beiden Drahtenden sind sorgfältig im Moos versteckt.

**Geflochtener Aufhänger**

**1** Einen Strang Bast in der gewünschten Dicke des Aufhängers an einem stabilen Halt befestigen. Den Bast in drei kleinere Stränge teilen und – während man ihn straff spannt – einen Zopf daraus flechten. Die Enden des Zopfes mit Baststücken abbinden und stutzen.

**2** Den Zopf zu einer Acht legen und den Kreuzungspunkt fest mit Blumendraht umwickeln. Die Drahtenden in den Kranz stecken.

**Aufhänger aus Bast**

**1** Ein Stück Bast in das umgebogene Ende eines Blumendrahtes legen und dann den Draht zu einem »Nadelöhr« zusammendrehen.

**2** Blumendraht und Bast durch die Steckunterlage ziehen; auch in der entgegengesetzten Richtung durchziehen, so daß eine Schlaufe entsteht. Die Bastenden zusammenknoten und den Draht entfernen.

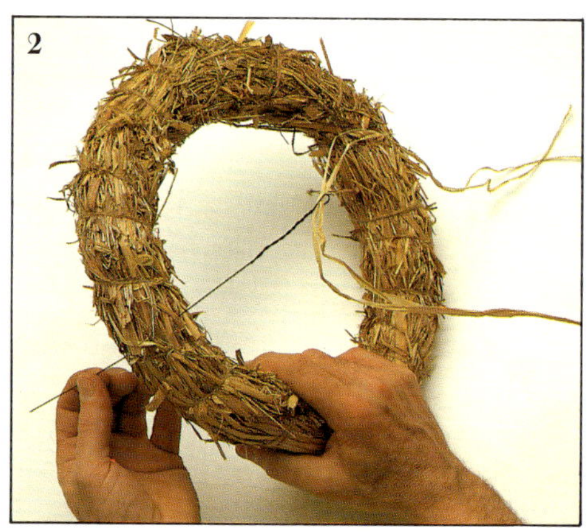

# TROCKEN-PFLANZEN ARRANGIEREN

Wer einmal die Grundtechniken beherrscht, kann nun mit dem Arrangieren der Trockenblumen beginnen. Zwar bieten sich hier unbegrenzte Möglichkeiten, doch gibt es einige klassische Gestaltungstypen, welche im folgenden Kapitel vorgestellt sind. Sie veranschaulichen Methoden des Bindens und Steckens, derer Sie sich sicher auch mit wachsender Erfahrung immer wieder bedienen werden.

# Dekoratives Gesteck

Eine der einfachsten Arten des Blumenarrangements basiert auf der Fächerform. Als Beispiel ist hier in mehreren Bildsequenzen ein filigranes Gesteck in einem weißlackierten Korb gezeigt, das eine Schauseite und eine Rückseite hat. Es besteht aus einer zarten Kombination von Mädesüß, blaßrosa Ritterspornrispen, kräftigrosa Rosen, weißem Meerlavendel und grünen Hortensien.

**Wie man das Arrangement steckt**

1

**1** An der Rückseite des Korbes mit Mädesüß einen fächerförmigen Umriß stecken. Das Arrangement sollte etwa doppelt so hoch wie der Korb werden.

2

**2** Nun mit Mädesüß – vom höchsten Punkt in der Mitte ausgehend – zum vorderen Korbrand hin einen Bogen stecken. Das Gesteck an den Seiten mit weiteren Mädesüßstengeln kuppelförmig auffüllen, so daß sie wie Strahlen von der Mitte auszugehen scheinen.

3

**3** Mit blaßrosa Ritterspornrispen Akzente setzen, dabei etwa der Bogenform folgen. Dann weißen Meerlavendel einfügen – den natürlichen Wuchs seiner Blütenstände ausnutzen, um die Gesamtform zu betonen.

**Zarter filigraner Blickfang**
Anschließend werden rosa Rosen ergänzt. Sie sollten noch einige Blätter haben, die als verbindendes Element dienen. Zum Schluß werden einige angedrahtete Hortensienblüten eingefügt, und das duftige Gesteck ist fertig.

# Buketts und runde Sträußchen

Will man Trockenblumen verschenken, dann am besten als Sträußchen und Buketts. Runde Sträußchen sind kompakt und zart, Buketts haben eine flache Rückseite. Farben und Strukturen sollte man so kombinieren, daß sich die Sträuße ganz verwenden lassen oder Teile in andere Arrangements integriert werden können.

**Bauernsträußchen**
Hier ist das Sträußchen, das links gebunden wurde, fertig zu sehen. Die Schleife bildet eine hübsche Ergänzung und versteckt gleichzeitig den Draht (s. Seite 86).

### Wie man ein rundes Sträußchen bindet

**1** Sie brauchen: weißen Rittersporn, angedrahtete fliederfarbene Hortensien, Glockenblumen-Fruchtstände, Zittergras und rosa Meerlavendel. Fügen Sie zunächst zwei Stengel mit Silberdraht zusammen.

**2** Nun nach und nach weitere Blumen hinzufügen und so festbinden, daß eine gewölbte Form entsteht. Die Blütenstände staffeln, damit das Sträußchen bäuerlich wirkt.

**3** Zum Schluß setzt man die Blumen rundum etwas tiefer an, damit die Stengel oberhalb des Drahtes verdeckt werden.

**4** Überprüfen, ob die Blumen gut verteilt sind, dann die Stengel kürzen und den Draht fest verknoten.

**Sommerbukett**
Eine Kombination aus grünem Fuchsschwanz, rosa Rosen, Leimkraut, rosa und weißen Sonnenflügeln, gelbem Meerlavendel, Bambusgras und grünen Hortensienblüten läßt ein Sommerbukett in leuchtenden Farben entstehen, das von einer einfachen Bastschleife zusammengehalten wird.

**Herbstbukett**
Dieses große Bukett in herbstlichen Tönen besteht aus Fruchtständen der Jungfer im Grünen, exotischen Zapfen, rosafarbenen und grünen Gräsern und weiteren Fruchtständen unterschiedlicher Färbung. Eine cremefarbene Schleife betont die Komposition.

**Zartes Sträußchen**
Die Blumen für diesen kleinen Strauß wurden aufgrund ihres filigranen Charakters ausgewählt. Süßduftender Lavendel und weiße Sonnenflügelblüten sind mit glyzerinkonservierten Akazienblättern und tiefrosa Sonnenflügeln kombiniert worden.

**Rundes Sträußchen**
Dieser Strauß besteht aus blauen Kornblumen, fliederfarbenen Hortensien und winzigen Mohnkapseln, die von einem Kranz aus Frauenmantelblüten umschlossen werden. Eine blaue Schleife vervollständigt das schlichte Arrangement.

# Aufgehängte Sträuße

Sowohl trocknende als auch getrocknete Blumen sehen großartig aus, wenn man sie zu Sträußen gebunden an eine Wand, einen Deckenbalken oder auch an eine Schranktür hängt. Stellt man einen gemischten Trockenblumenstrauß zusammen, um mit ihm eine Wand zu schmücken, muß man – wie bei einem Gemälde – sowohl Größe als auch Farben mit Bedacht auswählen, damit er sich in seine Umgebung einfügt.

**Wie man einen gemischten Strauß bindet**

**1** Zu den Blumen und Gräsern, aus denen dieser heitere Strauß besteht, gehören cremefarbene Strohblumen, Garben, weißer Rittersporn, Italienische Immortelle, Glanzgras, Dill und grüne Hortensien. Nicht vergessen, daß der fertige Strauß von unten betrachtet wird. Begutachten Sie ihn aus dieser Perspektive. Zunächst wird aus Büscheln der langstieligeren Pflanzen ein beliebiger Grundstrauß zusammengestellt. Diesen in einigem Abstand zu den Blüten fest mit Schnur zusammenbinden. Beim fertigen Strauß kann die Bindestelle später mit Band verdeckt werden.

**2** Passend zum ersten Strauß einen zweiten, dichteren zusammenstellen und ihn – die Blüten etwas tiefer sitzend – auf den ersten binden.

**3** Den Strauß mit einigen kurzen Hortensienblüten fertigstellen und die Bindestelle unter einer Schleife verstecken (ganz rechts).

**Unkonventioneller Strauß**
Dieser ausgefallene, aber eindrucksvolle Strauß enthält grünes Buchenlaub, Bambusgras, kräftigblauen Rittersporn und Lauchblüten. Der Strauß wurde mit einem Bastzopf (s. Seite 88) an der Wand befestigt. Lange Bastenden winden sich durch Blätter und Blüten.

**Strukturstrauß**
Dieser Strauß bekommt durch die unterschiedlichen Strukturen der Blumen seine besondere Note. Weiße Schleierkrautbüschel betonen aprikosenfarbene Rosen und Blütenähren von *Limonium suworowii*. Einige Stengel grüner Fuchsschwanz und *Limonium caspia* bilden ein Gegengewicht zu den rosafarbenen Hortensienblüten.

**Heiterer Strauß**
Hier ist der auf der gegenüberliegenden Seite gebundene Strauß fertig zu sehen. Eine zitronenfarbene Satinschleife gibt ihm den letzten Pfiff. Obwohl alle hier gezeigten Sträuße auch allein sehr wirkungsvoll sind, bilden sie als Gruppe einen ganz besonderen Blickfang.

# Hängende Kugel

Ein großartiger leuchtender Strauß, der eine Kugel aus Blüten und Laub bildet, kann eine ganze Zimmerecke verzaubern. Am prächtigsten wirkt eine solche Kugel, wenn man Materialien mit sehr unterschiedlichen Strukturen und Farben wählt und sie zwanglos arrangiert.

**Wie eine hängende Kugel entsteht**

**1** Für diese phantastische Kugel benötigt man: Blumendraht, einen Gardinenring mit 3,5 cm Durchmesser sowie roten Zylinderputzer, rosafarbene Strohblumen, rosa und gelbe Rosen, grünen Fuchsschwanz, zwei Hasenohr-Arten, Meerlavendel und *Leucadendron meridianum*. Die Pflanzen werden in Büscheln großzügig so arrangiert, daß einige größere, einfarbige Flächen entstehen.

**2** Den Gardinenring in Arbeitshöhe aufhängen. Die Pflanzen büschelweise andrahten (s. Seite 66), dabei lange Drahtenden für die spätere Befestigung lassen. Dann die Büschel an dem Gardinenring anbringen – die Stengelenden sollten knapp unter dem Ring sitzen.

**3** Weitere Büschel hinzufügen. Dabei berücksichtigen, wo sie sich später im fertigen Gesamtarrangement befinden werden. Als Füllmaterial dient vor allem der Meerlavendel, während die schlanken Zylinderputzer und Fuchsschwanzblüten die Kugelform auflockern.

**Die fertige Kugel**
Zum Schluß nimmt man geringfügige Korrekturen in der Plazierung der einzelnen Büschel vor und hängt die Kugel nun an dem für sie vorgesehenen Platz auf. Der Gardinenring ist dann nicht mehr sichtbar.

# Kränze

Gemälde und Skulpturen verraten uns, daß Kränze aus Blüten und Laub schon von alters her als Tür- oder Wandschmuck dienen, insbesondere solche aus süßduftenden Blumen – etwa Rosen – und aromatischen Kräutern. Wie auf Seite 72 und 73 gezeigt, gibt es verschiedene Möglichkeiten, eine geeignete Steckunterlage anzufertigen. Der Gestaltungstyp des Kranzes wird durch die Art der Steckunterlage bestimmt, die aus Draht und Sphagnum, geflochtenem Bast oder miteinander verschlungenen Pflanzentrieben bestehen kann. Die Unterlage muß nicht vollkommen unter dem Trockenmaterial verschwinden – ist sie dekorativ, darf sie ruhig durchschauen. Damit der Kranz lebendiger wirkt, kann man auch einen ganzen Abschnitt unbedeckt lassen.

**Einen kleinen Kranz anfertigen**

**1** Als Steckunterlage dient ein Sphagnumkranz (s. Seite 72). Hopfenblüten, Papierknöpfchen, Haferbüschel und einzelne gelbe Rosen andrahten. Die angedrahteten Stengel mit Blumenband umwickeln (s. Seite 64–65).

1

**Steckunterlage aus Stroh**
Dieser schlichte Kranz vereinigt blaßrosa und cremefarbene Strohblumen, Kornblumen und Schleierkraut, die in einen Ring aus Stroh gesteckt wurden. Üppige Schleifen aus breitem, rosafarbenem Band vervollständigen den Kranz.

**Erntekranz**
Der oben angefertigte Kranz vermittelt die milde Wärme des Frühherbstes.

**Ein nicht alltäglicher Kranz** (rechts)
Ineinandergeschlungene Kletterpflanzentriebe bilden die Basis für diesen Kranz (s. Seite 72/73), der mit Rosenblättern und Kiefernzapfen besetzt ist. An das Geflecht schmiegt sich ein Nest aus Heu, das von einem kleinen Vogel bewacht wird.

**2** Zuerst einige Papierknöpfchen in das Moos stecken. Die Drähte ganz durch den Kranz schieben und auf der Rückseite umbiegen.

**3** Den Aufhänger an der gewünschten Stelle anbringen. Dann Haferähren, Hopfen, Rosen und weitere Papierknöpfchen so im Moos arrangieren, daß ein harmonisches Design entsteht.

**Unkonventionelles Naturdesign** (links)
Heubüschel, rote Rosen, Kornblumen, Garben und Papierblumen wurden mit Bast locker an diesen Kranz gebunden.

**Geflochtener Strohkranz**
Die Steckunterlage für diesen Kranz bildet ein Strohzopf. Ein Meer aus blauem und dunkelrosa Rittersporn, süßduftendem Lavendel und zartem Hafer schmiegt sich sichelförmig an und läßt die Hälfte des Zopfes sichtbar.

**Kranz aus Gräsern** (links)
Schweifförmig gesteckte Gräser, Mohnkapseln und Leucadendron-Fruchtstände verdecken den grünen Sphagnumkranz nicht vollständig. Die Mohnkapseln und Leucadendron-Fruchtstände müssen angedrahtet werden.

**Schmückende Bänder**
Rosafarbene Bänder, die von einer Schleife gekrönt werden, winden sich um diesen Kranz aus Kletterpflanzentrieben. Fliederfarbene Hortensien, pfirsichfarbene Rosen und Schleierkraut wurden in kleinen Sträußen an dem Holz befestigt.

# Blumenranken und Blütenzöpfe

Die hier gezeigten Ranken und Zöpfe sind beinahe 1,8 m lang und ein phantastischer Schmuck für große Flächen. Sie können sie aber auch wie Girlanden verwenden und beispielsweise um Pfeiler winden oder neben einem Kamin aufhängen.

### Wie man einen Zopf dekoriert

**1** Aus einem sehr dicken Baststrang einen Zopf in der gewünschten Länge flechten (s. Seite 88). Die Enden mit Bast abbinden und sauber stutzen. Ein kleines Sträußchen aus blauen Hortensien und der leuchtendgelben Italienischen Immortelle andrahten (s. Seite 66). Das Sträußchen am Anfang des Zopfes befestigen. Dazu den Blumendraht durch den Bast stecken und auf der Rückseite umbiegen, damit das Sträußchen nicht verrutschen kann. Weitere Sträußchen für den späteren Gebrauch andrahten.

**2** Aus breitem Ringelband kleine, fedrige Büschel anfertigen. Dazu doppelt genommene Bandstücke wie gezeigt andrahten und die Enden zu schmalen Streifen auseinanderziehen. Den Draht eines Büschels unterhalb des Blumensträußchens durch den Bastzopf schieben und zur Befestigung auf der Rückseite umbiegen. Die schmalen Bandstreifen über einen Messerrücken ziehen, damit sie sich ringeln.

**Der fertige Zopf** (links)
Beim fertigen Zopf sind Blumen und Bänder gruppenweise angeordnet. Am unteren Ende wurden zum Schluß einige lange, geringelte Bänder eingefügt. Das obere Zopfende schmückt eine strubbelige Bastschleife.

**Die fertige Blumenranke**
Je nachdem, aus wie vielen Sträußchen, kann die Ranke jede beliebige Länge erhalten.

## Wie man eine Blumenranke anfertigt

**1** Man braucht: rote Rosen, blaßrosa Rittersporn und die zarte Bambusart *Arundinaria nitida*. Die Pflanzen werden zu lockeren Sträußchen arrangiert, die den wildwüchsigen Bambusblättern gemäß sind. Die Sträußchen am oberen Ende der Stiele fest mit Myrtendraht zusammenbinden. Den Knoten umwickeln, den Draht aber nicht abschneiden.

**2** Die Stengel fest zusammendrücken, auf der ganzen Länge mit Draht umwickeln, die Rolle durch die letzte Schlaufe stekken und den Draht straff ziehen.

**3** Ein zweites Sträußchen so auf das erste legen, daß sich die Blüten überlappen. Den zweiten Strauß auf den ersten binden und den Draht wie oben befestigen.

# Girlanden

Girlanden oder Festons aus Trockenblumen sind Blütenbänder, die zumeist bogig aufgehängt werden. Im allgemeinen fertigt man sie für besondere Gelegenheiten an, beispielsweise zu Feiertagen, Hochzeiten oder Taufen. Lange Tafeln mit frischen weißen Damastdekken und köstlichen Speisen sehen noch großartiger aus, wenn sich an den Tischkanten zusätzlich Girlanden entlangwinden. Auch Türrahmen, Wandnischen, Borde, Treppengeländer, Kamine und Deckenbalken bekommen ein ganz neues Gesicht, schmückt man sie mit heiteren Blumengirlanden.

Die Anfertigung von langen Girlanden ist sicherlich sehr zeitraubend, und bei frischen Blumen können Sie oft erst letzte Hand anlegen, wenn die ersten Gäste schon vor der Tür stehen. Bei der Verwendung von Trockenblumen haben Sie dagegen den Vorteil, daß die Girlanden schon beizeiten gebunden werden können und auch noch schön aussehen, lange nachdem der letzte Gast gegangen ist.

**Zarte Blumengirlande**
Mit ihren Pastellfarben wirkt die unten angefertigte Girlande sehr zart. Dennoch ist sie erstaunlich stabil. Das unordentliche Ende einer Girlande wird mit Band kaschiert oder unter dem Anfang einer anderen versteckt.

**Wie man eine Girlande mit Myrtendraht bindet**

**1** Um eine Girlande anzufertigen, kann man wie hier Blumensträußchen an einen Draht binden. Für die gezeigte Girlande braucht man: Hortensienblüten, Rosen, Hafer und Schleierkraut. Zunächst in der gewünschten Girlandenlänge Draht von der Rolle abwickeln. Am Ende eine Schlaufe machen, den Draht aber nicht abschneiden. Hortensienblüten und kleine Schleierkrautbüschel andrahten (s. Seite 64–66). Nun aus den verschiedenen Pflanzen ein kleines Sträußchen zusammenstellen. Den Hafer dabei etwas herausstehen lassen. Zu lange Stengel kürzen.

**2** Das Sträußchen so auf den Draht legen, daß die Schlaufe von den Blüten vollkommen verdeckt wird. An dieser Schlaufe hängt man später das eine Ende der fertigen Girlande auf.

**3** Nun die Blumenstengel mit einer Hand eng an den Draht drücken und sie fest mit Draht von der Rolle umwickeln. Die Rolle durch die letzte Schlaufe stecken und den Draht straffziehen.

**4** Ein zweites Sträußchen überlappend auf die Stengel des ersten legen. Die Stengel wiederum mit Draht umwickeln und diesen durch eine Schlaufe sichern. So fortfahren, bis die Girlande fertig ist.

**Eine Blumenkette**
Die Girlande hat einen schlichten Charme. Das Heu gegebenenfalls stutzen, damit die Form der Kettenglieder gewahrt bleibt.

## Wie man eine Blumenkette anfertigt

**1** Für jedes Glied dieser Kette benötigt man dicken Blumendraht, Heu, etwas Bast und einige der ausgewählten Blumen – Meerlavendel, Strohblumen und *Limonium sinuatum*. Das Ende eines Blumendrahtes zu einer Öse biegen.

**2** Das Heu um den Blumendraht wickeln, in Abständen von etwa 8 cm mit Bast festbinden und sauber zurechtstutzen.

**3** Den umwickelten Draht zu einem Oval formen. Das Drahtende durch die Öse stekken und umbiegen, damit es nicht herausrutscht. Heu darumlegen, es mit Bast festbinden und dann zurechtzupfen, damit ein gleichmäßiger Ring entsteht.

**4** Den Ring mit Blumen schmücken und ihre Stengel unter den Bast stecken. Auf die gleiche Weise die notwendige Anzahl von Kettengliedern anfertigen, sie aber noch nicht schließen. Zum Schluß alle Glieder zu einer Kette zusammenfügen.

# Bäumchen aus Trockenpflanzen

Ein Miniaturbaum aus Trockenblumen, der je nach seiner Größe auf den Boden oder – wie ein Bonsaibaum – auf einen niedrigen Tisch gestellt wird, kann den Charakter eines Raumes stark prägen. Zuerst legen Sie die Höhe des Trockenpflanzen-Baumes fest, wobei Sie auch berücksichtigen müssen, von welchen Gegenständen er umgeben wird. Was seine Form betrifft, so können Sie sich an der Natur orientieren – selbstverständlich sollte sie zum Standort passen. Nehmen Sie als Vorbild beispielsweise eine Eiche, einen konisch geformten Lorbeerbaum, eine Konifere oder eine ausladende Magnolie. Suchen Sie einen Ast, der sich als Stamm eignet, und wählen Sie mit großer Sorgfalt ein passendes Gefäß aus.

**Den Stamm in einen Topf einsetzen**

Da der Stamm fest in einem schweren Fuß verankert sein muß, setzt man ihn mit Gips in einen Topf ein.

**1** Man braucht: Steckmasse, Gips, eine Schüssel, einen Löffel und ein Messer. Einen kleinen Tontopf mit flachen Stükken Steckmasse auskleiden. Gips dehnt sich beim Trocknen aus, und die Steckmasse verhindert, daß der Topf dabei platzt.

**2** Den Gips mit so viel Wasser anrühren, daß er dick und cremig wird. Den Topf zu zwei Dritteln mit Gips füllen, dabei darauf achten, daß die Steckmasse nicht verrutscht. Da Gips rasch erhärtet, sollte der Stamm jetzt griffbereit liegen. Ferner sollte etwas Wasser zur Hand sein. Man gießt es in die Schüssel, in der der Gips angerührt wurde, sobald man die benötigte Menge entnommen hat. Auf diese Weise wird verhindert, daß der Gips erhärtet und die Schüssel springt.

**3** Den Miniaturstamm in die Mitte des Topfes stecken, so daß das Ende auf dem Boden aufsitzt. Den Stamm hin- und herbewegen, um ihn gut im Gips einzubetten und Lufteinschlüsse zu beseitigen. Ihn dann mit einer Hand festhalten und den Topf langsam drehen, um festzustellen, ob er aus allen Blickrichtungen gefällig wirkt. Dann gut bis 1 cm unter den Topfrand Gips auffüllen. Den Stamm stützen, bis er von alleine steht. Nun mit der Baumkrone beginnen, die eine runde oder kegelige Form haben kann.

**So entsteht eine Baumkrone**

**1** Einen Kegel aus Steckmasse (bei Floristen erhältlich) auf den Stamm spießen. Kurze, dünne Blumendrähte haarnadelförmig umbiegen und mit ihnen trockenes Sphagnum am Kegel befestigen.

**2** Die Stiele der Trockenblumen in den Kegel stecken. Als Hintergrund Garben verwenden, dann rote Rosen und angedrahteten Hahnenkamm hinzunehmen und zum Schluß dünne Reiser einfügen.

**Der fertige Baum**
Ist dieses an Tapisserie erinnernde Bäumchen fertig, setzt man es in einen dekorativen Übertopf und legt getrocknetes Moos um den Stamm.

## So entsteht eine runde Baumkrone

**1** Eine Kugel, kleiner als das gewählte Gefäß, mit Islandmoos verkleiden und sie dann auf das angespitzte Ende eines verzweigten Astes stecken. An einem kurzen Zweig weiter unten eine kleinere Kugel befestigen. Der schlanke Zweig oben verleiht dem fertigen Baum Dynamik.

**2** Zum Dekorieren filigranes Pflanzenmaterial verwenden, wie etwa Mädesüß, silbernes Strohblumenlaub, Mohnkapseln und grünen Fuchsschwanz. Am interessantesten wirkt es, wenn man die Pflanzen zu einer lockeren Krone steckt, die doppelt so groß wie das Gefäß ist.

**Der fertige Baum**
Zum Schluß schmückt man noch die kleinere Kugel mit Blumen. Als Gegengewicht zum oberen Ast wird ein kleinerer Zweig angefügt, so daß alle Elemente eine optische Einheit bilden.

# GRUNDREGELN DER GESTALTUNG

Wenn Sie die praktische Seite des Arrangierens beherrschen, sollten Sie lernen, Ihre Kompositionen zu beurteilen, und darüber hinaus herausfinden, wie sich ihre ästhetische Wirkung noch steigern läßt. Das folgende Kapitel zeigt Ihnen, wie man beim Binden und Stecken Farbe, Form und Struktur der Pflanzen und des Gefäßes optimal einsetzt und diese Eigenschaften mit der Umgebung des Arrangements in Einklang bringt.

# Arrangements planen

Es ist problematisch, für die Gestaltung mit Trockenpflanzen feste Regeln aufzustellen, denn kaum existiert eine solche Regel, da findet sich sicher auch schon ein wunderschönes, gelungenes Arrangement, das sie bricht. Die auf diesen beiden Seiten abgebildeten Sträuße und Gestecke sollen Ihnen zeigen, wie unklug es ist, nach festen Regeln vorzugehen. Vielleicht meinen Sie, daß die ausgewählten Pflanzen einen bestimmten Gestaltungstyp diktieren, doch wie Sie unten sehen, sind hier mit den gleichen Pflanzen in drei verschiedenen Gefäßen ganz unterschiedliche, wundervolle Kompositionen entstanden. Hüten Sie sich umgekehrt auch vor der Annahme, ein Gefäß erfordere ein bestimmtes Arrangement. Betrachten Sie dazu die gegenüberliegende Seite: Hier finden Sie in formgleichen Gefäßen drei völlig verschiedenartige Sträuße.

**Gleiche Pflanzen in unterschiedlichen Gefäßen**
(unten)
Drei verschiedene Gefäße – ein Gartenkorb, eine kleine Messingschale und ein Glaspokal – wurden hier verwendet, um mit silbrig belaubten Mimosen drei kontrastierende Arrangements entstehen zu lassen. Die unterschiedlichen Gefäße bestimmen sowohl Größe als auch Charakter der Gestecke.

Statt den Versuch zu unternehmen, sich bei der Planung eines Arrangements an feste Regeln zu halten, sollten Sie lieber überlegen, von welchen Faktoren es beeinflußt wird, wenn es seinen vorgesehenen Platz eingenommen hat. Wird dies ein Tisch, ein Bord oder der Boden sein? Welche Größe ist dem Standort angemessen? Von welchen Farben, Mustern und Strukturen wird das Arrangement umgeben? Aus welchem Blickwinkel wird man es betrachten? Sieht man es von allen Seiten oder gibt es nur eine Schauseite? Durch Beantworten dieser Fragen entsteht vor Ihrem geistigen Auge ein Bild der fertigen Komposition, die später Ihre ganz persönliche Handschrift tragen wird.

## Die Natur als Quelle der Inspiration

In der Natur finden Sie ausgezeichnete Anregungen für Sträuße und Gestecke. Gewöhnlich wachsen Pflanzen so, daß sie in Form und Größe interessant und wohlproportioniert erscheinen. Stämme und Stengel haben immer genau die richtige Dicke, und die Größe von Blättern und Blüten paßt stets zur Gesamtgröße der Pflanze. Durch die Beschäftigung mit diesen natürlichen Formen kann man verhindern, daß Arrangements umkippen, die Größe von Pflanzen und Gefäß nicht harmoniert oder sich das Material zu dicht drängt.

**Formgleiche Gefäße mit unterschiedlichen Pflanzen**
(rechts)
Diese drei Arrangements befinden sich in genau gleichen grauen, bauchigen Vasen. Da die Sträuße jedoch sehr unterschiedliche Formen und Strukturen haben, wirken auch die Gefäße selbst sehr verschieden. Kompositionen in leuchtenden Farben würden ebenfalls gut zu diesen dezenten Vasen passen. Der linke Strauß mit seiner schlichten Kuppelform besteht aus *Limonium caspia*, Hortensien und Fuchsschwanz. Im rechten Arrangement, für das rosafarbene Gräser, langstielige Lauchblüten, Rittersporn, Edeldisteln und *Limonium caspia* verwendet wurden, haben die Stengel ihre natürliche Länge beibehalten, und deshalb ist es dreieinhalbmal so hoch wie die Vase. Beim mittleren Strauß biegen sich Blätter, Zapfen und Zweige herab und links nach außen, so daß eine strukturreiche Fächerform entsteht.

# Form

Trockenpflanzen bieten eine Fülle an Formen, von denen einige sehr subtil und andere überaus spannungsreich wirken. Blätter können kurz und rund, lang und schmal, breit und gezackt oder zart und farnartig sein, Blüten winzig und mit nur wenigen Blumenblättern oder groß und gefüllt mit üppig geschwungenen Petalen, wie eine altmodische Rose oder Päonie. Auch Früchte und Fruchtstände gibt es in unendlichen Variationen.

Sie können sich bei der Gestaltung der Gesamtform Ihres Arrangements von den natürlichen Formen der Pflanzen, die Sie ausgewählt haben, leiten lassen. Wer beispielsweise derbe, gezackte Blätter verwendet, sollte auch eine Komposition mit vielen Zacken und entsprechenden Zwischenräumen entstehen lassen.

Eine andere, weniger naturnahe Möglichkeit ist, ein Arrangement mit einem speziellen Gestaltungstyp vor dem geistigen Auge zu beginnen – ein Beispiel dafür ist der kegelförmige Baum rechts. Für solche Gestecke benötigt man Pflanzenmaterial, das sich flächig oder plastisch verwenden läßt, wie etwa Grimmia-Moos für erhabene Flächen und Sphagnum oder Flechte, um dichte Teppiche zu bilden.

**Geschlossene Form** (rechts)
Dieser Baum wurde mit rosa gefärbtem Islandmoos verkleidet, durch das sich ein Band aus grünen Hortensien windet. Als weitere Verzierung wurden kleine Protea-Blüten in das Moos gesteckt.

**Blattform** (unten)
Die verschiedenen Formen der hier verwendeten Eukalyptus- und Akazienblätter bestimmen die Form des gesamten Arrangements.

# Struktur

Es reicht nicht aus, einem Arrangement eine dekorative Form zu geben, sie muß auch voller interessanter Strukturvariationen sein. Die Struktur eines Arrangements entsteht durch das Zusammenwirken der Oberflächen von Pflanzenmaterial und verwendetem Gefäß. Die große Fülle an Strukturen, die Laub, Blumen, Moose, Gräser, Fruchtstände und Stengel bieten, ist faszinierend. Blütenähren und Rispen vor dichtem Blattwerk, zarte Gruppierungen aus gewellten Blumenblättern, Konturen, die durch verschlungene Zweige entstehen, und duftige Blütenmeere sind hier nur einige Beispiele.

**Die Natur als Lehrmeister**
Wenn Sie sich mit einem Notizblock in der Hand einen Tag lang in die Natur begeben, können Sie viel über Struktur lernen. Betrachten Sie beispielsweise eine Hecke mit ihren komplizierten Mustern aus Stämmen, Zweigen, Blättern, Blüten und Früchten. Die Art und Weise, in der die Pflanzen miteinander verwachsen, ist voller ungewöhnlicher Details, die zutage treten, wenn sich das Licht an den verschiedenen Flächen fängt. Schauen Sie auch einmal auf den Boden, um Anregungen zu erhalten: auf bemooste Steine, abgefallene Blätter und Fruchtstände, wie Zapfen und Bucheckern. Sehen Sie sich die Bäume an: ihre gefurchte, maserungsreiche Rinde und ihre Äste, die sich überkreuzen, während sie im Blätterdach verschwinden. Achten Sie auf die Unterschiede zwischen großem, dichtstehendem Laub und kleinen, zarten Blättern, die das Licht filtern. Und übersehen Sie auch nicht die Blattoberflächen. Lenken Sie Ihren Blick auf die Landschaft: Da finden Sie dicht bestellte Felder und samtige, sich dahinschlängelnde Weiden, an anderen Stellen lassen Getreidehalme senkrechte Konturen entstehen, und blühende Pflanzen bilden weiche, wogende Teppiche, wie etwa der leuchtendgelbe Raps. Diese Strukturfülle ist eine Quelle der Inspiration für jedes Trockenblumenarrangement.

**Pflanzen mit ausgeprägten Strukturen verwenden**
Laub mit interessanten Strukturen bildet einen besonders schönen Hintergrund für Blumen. Am besten arrangiert man es sich überlappend, damit Schatteneffekte entstehen. Sehr nützlich sind beispielsweise die zarte Filigranhaftigkeit und die getupften, geäderten Oberflächen von Farnen und Akazienblättern.

Alle Trockenpflanzen besitzen ihre eigene Strukturqualität – Garben haben flache, derbe Blütenstände, Päonien- und Rosenblüten setzen sich aus schön angeordneten Blumenblättern zusammen, Schleierkraut bildet ein duftiges Blütenmeer, und Strohblumenblüten funkeln wie Sterne. Solche Strukturen sind neben der Farbe der Pflanzen ein wichtiges Gestaltungselement und sollten behutsam kombiniert werden. Wer Fruchtstände integriert, verstärkt dadurch stets den strukturellen Reiz eines Arrangements, da ihre optische Wirkung weitgehend auf der Struktur beruht. Die Vielfalt ist groß und reicht von den harten Kanten und Spitzen der Koniferenzapfen bis hin zu den zarten, duftigen Gräsern.

**Rustikales Gesteck**
Die Gestaltung dieses ländlich wirkenden Arrangements wurde durch den stark strukturierten Korb, der mit Reisig verkleidet ist, inspiriert. Ebenso natürlich wie der rustikale Korb wirken Hopfen, Hafer, Mohnkapseln, Hortensien und Sumpfeichenblätter. Alle Strukturen harmonieren so großartig, daß die Pflanzen aus dem Korb herauszuwachsen scheinen.

Licht setzt sich aus all den Farben zusammen, die wir in einem Regenbogen sehen – dem Spektrum des weißen Lichtes, das heißt Rot, Orange, Gelb, Grün, Blau, Indigo und Violett. Die Farbe einer Blüte ist davon abhängig, wie viel weißes Licht sie absorbiert und reflektiert. Im Vergleich zu frischen Blumen haben Trockenpflanzen meist gedämpfte Töne (Farbschattierungen). Dennoch werden Sie im zweiten Kapitel dieses Buches gesehen haben, daß die zur Verfügung stehende Fülle an Farben enorm ist. Zu den Primärfarben (Rot, Gelb und Blau) gehören sehr viele schöne Abstufungen von Rot

**Einfarbiges Arrangement** (links)
Dieses kühle, schlichte und elegante Arrangement kommt vor beinahe jedem farbigen Hintergrund gut zur Geltung, insbesondere vor Weiß oder Pastelltönen. Ein blauer, gelber oder grüner Hintergrund würde es betonen, Rot und Violett hingegen wirkten zu hart.

**Zweifarbiges Arrangement**
Durch die Ergänzung des Rittersporns durch Garben verändert sich zwar die Form des Arrangements nicht, doch wirkt es nun wärmer und hat mehr Struktur erhalten. Es würde gut in eine orange, gelbe, weiße oder blaue Umgebung passen. In einem rosa Raum wirkte es zu unruhig.

und Gelb. Blautöne sind dagegen nicht so zahlreich vertreten. Die Farbtonpalette der Sekundärfarben (sie lassen sich aus den Primärfarben mischen), ist exzellent – es gibt kräftiges Orange, frisches Grün und viele satte Violettabstufungen.

### Farben kombinieren

Farben – und manche Töne dieser Farben –, die im Farbspektrum dicht beieinanderliegen, lassen sich gut kombinieren (s. Seite 116/117). Deshalb ist es im allgemeinen unproblematisch, Arrangements in Rot und Orange, Orange und Gelb, Gelb und Grün, Grün und Blau sowie Blau und Violett zusammenzustellen.

Etwas schwieriger sind Kombinationen von Farben und Farbtönen, die im Spektrum durch eine dritte Farbe voneinander getrennt werden (s. Seite 118/119), das heißt von Rot und Gelb, Orange und Grün, Gelb und Blau sowie Grün und Violett.

Am schwierigsten ist die Zusammenstellung von Farben und Farbtönen, die im Spektrum zwei oder drei Farben auseinanderliegen: zum Beispiel von Rot und Grün, Orange und Blau, Gelb und Violett. Wenn hier eine Farbkombination als schwierig bezeichnet wird, bedeutet dies nicht, daß Sie sie nicht ausprobieren sollten. Wie sie auf den Seiten 120 und 121 sehen, können auch die Arrangements in leuchtenden Farben sehr wirkungsvoll sein, doch im allgemeinen läßt sich nur schwer ein Platz für sie finden.

Bei der Zusammenstellung von verschiedenen Farben kommt es auch darauf an, in welchen Anteilen die einzelnen Farben verwendet werden. So verleiht beispielsweise schon ein wenig leuchtendes Rot einem vorwiegend in Grün gehaltenen Arrangement auf verblüffende Weise Leben.

Da jedoch viele Trockenpflanzen weiche, gedämpfte Töne haben, können Sie sie nach Ihren persönlichen Erfordernissen oder Neigungen beliebig kombinieren. Zeigen Sie bei der Farbzusammenstellung Mut, oder verwenden Sie nur eine einzige Farbe, die für sich eine ausgefallene Wirkung hat.

**Dreifarbiges Arrangement**
Einige Zweige violetten Meerlavendels verleihen dem Arrangement eine neue Qualität. Gelb und Violett verstärken sich gegenseitig. Diese dreifarbige Zusammenstellung würde vor einem weißen, gelben oder grünen Hintergrund hübsch aussehen.

# Nachbarfarben

Trockenblumen, deren Farben im Spektrum dicht beieinanderliegen, lassen sich leicht kombinieren. Die hier gezeigten Sträuße demonstrieren, daß solche Zusammenstellungen weder langweilig noch aufdringlich wirken. Jedes Sträußchen besteht aus einer Anzahl von Pflanzen, die sich in vielen verschiedenen Gefäßen arrangieren lassen.

**Aprikosenfarben und Rosa** (rechts)
Diese schlichte Mischung besteht aus Sonnenflügeln und blaß terrakottafarbenen Kardonen.

**Blautöne** (unten)
Diese Blaukombination besteht aus Meerlavendel, tiefblauem Rittersporn und einigen Stranddisteln.

**Gold, Gelb und Grün** (unten)
Zu dieser Gruppe gehören der duftige Frauenmantel, Garbe und grüner Fuchsschwanz.

**Gelb und Weiß** (oben)
Dieses Büschel setzt sich aus Känguruhblumen, Schleierkraut und Goldrute zusammen. Bei den leuchtendgelben runden Blüten handelt es sich um *Craspedia globosa*.

**Rost, Rot und Orange** (oben)
Dies ist ein Sträußchen aus roten Rosen, rostfarbenen Strohblumen, roten Dahlien und orangenfarbenen Färberdisteln.

**Duftiges Sommerarrangement**
Eine ovale Terrakottaschale dient als Anregung für dieses Arrangement. Sein Umriß folgt den geschwungenen Gefäßwänden. Die verwendeten Pflanzen sind in dem unten gezeigten Strauß zu sehen.

**Verschiedene Rosatöne**
Dieser Strauß ist das Ausgangsmaterial für das oben gezeigte Arrangement. Er besteht aus Rittersporn, Fruchtständen der Jungfer im Grünen, Meerlavendel, rosa Lauchblüten und Gras.

**Creme und Weiß** (rechts)
Zu diesem Büschel gehören Gerste, Zittergras, kleine Mohnkapseln und einige Stengel weißer Rittersporn.

# Kontrastfarben

Farben, die im Spektrum durch eine dritte getrennt werden, oder weit auseinanderliegende Abstufungen von Nachbarfarben harmonieren gut und wirken durch den stärkeren Kontrast interessanter als direkt benachbarte Farben. Der größere Kontrast macht es jedoch erforderlich, darauf zu achten, daß die verschiedenen Farben im Arrangement ein Gleichgewicht bilden.

**Blau und Rosa** (rechts)
Blauer Rittersporn wurde hier mit bläulichrosa Garben und Kugeldisteln kombiniert.

**Creme, Gelb und Silber** (unten)
Silberne Eselsohren verstärken die Gelb- und Cremetöne der Strohblumen.

**Orange und Gelb** (unten)
Lampionblumen bilden einen Kontrast zu tiefgelben Garben und einem Schleier intensivgelben Frauenmantels.

**Rosa und Silber** (unten)
Das kräftige Rosa des Rittersporns wird durch die cremerosa Strohblumen und die silbrige Akazie betont.

**Terrakotta, Creme und Grün**
Terrakottafarbene Rosen kontrastieren hier mit grünen Fruchtständen des Gänsefußes und Verticordia-Blüten.

**Kühle, klare Farben**
Diese Mischung aus Blau, Strohgelb und Silber harmoniert wunderbar mit dem Blumenmuster dieser alten Delfter Schale.

**Blau, Gelb und Grün** (links)
Zu den Pflanzen des oben gezeigten Arrangements gehören blaue Kornblumen, blaßgelbe Strohblumen und filigranes Akazienlaub.

**Tiefrosa und Violett** (unten)
Hier wird tiefrosa Meerlavendel durch violetten Gartenfuchsschwanz und filigranen Hafer betont.

**Rosa, Creme und Gelb** (links)
Dieses Sträußchen enthält blaßrosa Leimkraut, cremefarbenen Meerlavendel und gelbe Rosen.

# Leuchtende Farbkombinationen

Die Sträuße auf diesen Seiten zeigen leuchtende Farbzusammenstellungen, die sich zu dekorativen Gebinden und Gestecken kombinieren lassen. Sie vereinigen entweder Farben, die im Spektrum weit auseinanderliegen oder Töne, die stark kontrastieren, obwohl sich ihre Ausgangsfarben im Regenbogen dicht beieinander befinden. Solche dominanten Zusammenstellungen können mit ihrer Umgebung leicht in Mißklang geraten.

**Rot und Rost** (links)
Die rosaroten, erdbeerartigen Blüten von *Leptospermum* bilden in diesem silbrigen Laubstrauß einen kräftigen Kontrast zu den rostfarbenen Fruchtständen des Sauerampfers und *Limonium suworowii.*

**Rot und Grün** (oben)
Diese Auswahl enthält dunkel- und hellrote Strohblumen, rote Rosen, beerenbesetzte Zweige, Zylinderputzerblätter, Sycamore, Fuchsschwanz und lindgrüne Goldruten.

**Zitronengelb und Scharlach** (ganz links)
Hier wird der Kontrast zwischen dem leuchtenden Zitronengelb und dem Scharlach durch das silbrige Mimosenlaub gemildert.

**Orange und Rosa**
Es sind die kontrastierenden Töne der leuchtend orangeroten und kräftig rosa Rosenblüten, die – mit ihrem grünen Laub als Hintergrund – eine feurige Farbkombination bilden.

**Leuchtendes Arrangement**
Der kräftige Kontrast zwischen den scharlachroten, tief malvenfarbenen und grünen Pflanzen dieses auffälligen Arrangements paßt perfekt zu dem leuchtendroten Schmortopf.

**Malvenfarben, Scharlach und Grün**
Scharlachroter Zylinderputzer und tief malvenfarbener Rittersporn bilden einen kräftigen Kontrast zu den kühlen, blaßgrünen Hortensienblüten. Diese Pflanzen wurden für das oben gezeigte Arrangement verwendet.

# Plätze für Trockenpflanzen: Decken

Es gibt viele Stellen im Haus, wo Trockenblumen dekorativ wirken. Gemieden werden sollten nur solche Plätze, an denen sie zuviel Nässe oder Luftfeuchtigkeit ausgesetzt sind oder direkte Sonneneinstrahlung ihre Farben verblassen läßt. Trotz dieser Einschränkungen halten getrocknete Blumen aber selbst in Küchen und Badezimmern verhältnismäßig lang (etwa sechs Monate), sofern die Belüftung gut ist. Dies gilt insbesondere für Deckenarrangements, bei denen die Blumen ihre Köpfe nicht hängen lassen können.

Ist schon die Auswahl der Standorte im Haus groß, so sind die Gestaltungsmöglichkeiten für Arrangements noch ungleich größer. Im Design eines Arrangements sollte sich aber stets seine Umgebung widerspiegeln. Ein Gesteck, das auf einem Tischchen im Schlafzimmer hübsch aussieht, wirkt auf dem Dielenboden gewiß nicht mehr ansprechend. Auf den folgenden Seiten finden Sie Ratschläge, wie Sie Arrangements für bestimmte Plätze gestalten können.

## Decken

Die Inspiration für die Idee, eine Zimmerdecke mit Trockensträußen zu schmücken, liefert der wunderschöne Anblick, den zum Trocknen aufgehängte Schnittblumen generell bieten. Und sind die Trockenbedingungen gut (s. Seite 170), können Sie vielleicht tatsächlich frische Sträuße verwenden, die auch später getrocknet einen dauerhaften Schmuck bilden. Zum Trocknen dürfen Sie die frischen Sträuße jedoch nicht zu dicht aufhängen, da sonst zwischen ihnen keine Luft zirkulieren kann. In diesem Stadium ist es deshalb nicht möglich, den Eindruck von Fülle entstehen zu lassen, den das Bild rechts vermittelt. Auch muß die Decke so hoch sein, daß niemand mit dem Kopf an die Trockensträuße stößt. Ist sie zu niedrig, sollte man das Arrangement vielleicht auf eine Zimmerecke oder die Fläche über einem Möbelstück – etwa einem Schreibtisch oder Schränkchen – beschränken. Wer die gesamte Decke dekorieren möchte, kann zwischen Ösenschrauben nichtrostenden Draht spannen, der später unter den Sträußen verschwindet. Bei Arrangements, wo die Aufhängevorrichtung sichtbar bleibt, sollten Sie zum Befestigen der Sträuße vielleicht Bambusstäbe, Messing- oder Eisenrohre oder sogar Eisenketten verwenden.

**Ein Blumenmeer an der Decke**
Wer eine ganze Decke dekorieren will, befestigt an gegenüberliegenden Wänden – 15 cm unterhalb der Decke – im Abstand von 25 cm Ösenschrauben. Zwischen gegenüberliegenden Ösen wird nun dicker, kunststoffummantelter Draht gespannt. Dann ordnet man die Blumen zu Sträußen und bindet die Stengel etwa 5 cm oberhalb der Enden zusammen. Zum Aufhängen eines Straußes zieht man diesen in der Mitte auseinander und steckt ihn auf den Draht. So verschwindet der unansehnliche Draht nach und nach unter dem Blütenmeer.
Eine bunte Farbmischung sieht meist am schönsten aus, doch sollten Formen, Farben und Strukturen schön gleichmäßig verteilt werden, so daß eine Gesamtharmonie entsteht.

# Niedrige Tische

Unter den Standorten im Haus, die sich für Trockenpflanzen anbieten, erfreuen sich Beistelltische oder niedrige Eßtische besonderer Beliebtheit. An einem solchen Platz müssen jedoch alle Seiten des Arrangements hübsch aussehen. Durch die niedrige Plazierung ist auch die Rückseite stets sichtbar, selbst wenn man nicht um den Tisch herumlaufen kann. Darüber hinaus müssen Blumen ausgewählt werden, die sowohl von oben als auch von den Seiten schön wirken. Ideal eignen sich Rosen, Sonnenflügel, Garben, Meerlavendel und Papierknöpfchen, um nur einige zu nennen.

Eine gute Ausgangsbasis ist eine leicht gewölbte Form mit einem runden, ovalen oder sogar quadratischen beziehungsweise dreieckigen Grundriß. Ist die Grundform des Arrangements einmal festgelegt, fügt man – um das fertige Gesteck interessanter zu gestalten – Blütenrispen oder Laub ein, die die gedachten Umrißlinien durchbrechen, und läßt umgekehrt durch Farben und Strukturen Vertiefungen entstehen.

Zu dieser Art des Arrangements passen flache Gefäße am besten, damit die niedrige Gesamtform gewahrt bleibt. Da solche Gefäße aber große Öffnungen haben, müssen Sie Steckmasse zurechtschneiden, die Sie als Stützhilfe für die Blumenstengel in das Gefäß setzen (s. Seite 68–71). Die Steckmasse wird vor Einfügen der Blumen mit einer Schicht Moos abgedeckt, weil andernfalls der unansehnliche Kunststoff zwischen den Stengeln sichtbar bleibt.

Bei der Auswahl von Gefäß und Pflanzen müssen deren Farben und Strukturen, wie auf Seite 112 bis 121 beschrieben, berücksichtigt werden. Nach Möglichkeit sollten Sie aber auch Farben und Strukturen der Stellfläche, ebenso wie die der gesamten Umgebung, miteinbeziehen. Sie müssen sich daher entscheiden, ob Ihr Arrangement mit der Umgebung verschmelzen oder kontrastieren soll, ob es also einen stillen Charme besitzt oder sofort die Blicke auf sich zieht, wenn man das Zimmer betritt.

## Proportionen

Die Proportionen eines Arrangements werden durch die Größe des Tisches bestimmt, auf dem es steht. Ein Arrangement sollte nach Möglichkeit auch einen festen Platz haben. Dient es daher beispielsweise als Mittelpunkt eines Eßtisches, darf es beim Essen nicht stören oder die Sicht über den Tisch behindern. Und auf einem Beistell- oder Kaffeetisch sollte neben ihm noch Platz für andere Gegenstände sein, und man muß auch ein Tablett oder eine Tasse abstellen können.

**Arrangement für einen Couchtisch**
Die Wirkung dieses schlichten Straußes aus weißen Papierknöpfchen beruht auf dem Zusammenspiel der honigfarbenen Blütenmitten, des geflochtenen Behälters und des Holztisches. Der Deckel des Holzkistchens stellt eine interessante Erweiterung des Arrangements dar.

# Wände

Will man ein Blumenarrangement an einer Wand anbringen, so ist dies ebenso problematisch wie das Aufhängen eines Gemäldes. Von grundlegender Bedeutung für das Arrangement ist die Plazierung des Gefäßes, da seine Höhe – im Verhältnis zur Augenhöhe – den Gestaltungstyp und bis zu einem gewissen Grad auch die Art der verwendeten Blumen diktiert. Es wäre sinnlos, ein Arrangement kurz unter der Decke zu befestigen, wenn die Blumen von oben betrachtet am schönsten aussehen. Wählen Sie die Pflanzen deshalb mit Bedacht aus. Besonders gut geeignet sind beispielsweise Strohblumen und Meerlavendel (beide haben seitwärts gerichtete Blüten), Fruchtstände mit schönen Profilen (Getreide und Gräser) und Laub, das aus fast allen Blickwinkeln hübsch aussieht.

Es gibt verschiedene Gefäßtypen, die speziell für Wände angefertigt werden. Wählen Sie aus dem Angebot an Körben, Keramik- und Terrakottatöpfen sowie Holz- und Metallkästen das Passende aus. Denken Sie daran, daß man das Gefäß vermutlich schräg von unten betrachtet, also seine Unterseite teilweise sieht. Darüber hinaus ist ein Arrangement – im Gegensatz zu einem Gemälde – dreidimensional und wird deshalb wahrscheinlich nicht nur von vorn, sondern auch von der Seite gesehen. Denken Sie daran, daß der Einfallswinkel des Lichtes für die Wirkung des Arrangements ebenfalls eine wichtige Rolle spielt. Richtig aufgehängte Gefäße und Blumen erhalten von der Seite Licht und werfen attraktive Schatten an die Wand, was einen weiteren dekorativen Effekt hervorruft.

Am besten fertigen Sie das Arrangement auf einem Tisch oder einer anderen Fläche mit bequemer Arbeitshöhe an. Halten Sie es während der Arbeit aber immer wieder an seinen vorgesehenen Platz, um einen Eindruck von seiner Wirkung zu bekommen und die Positionen der Blumen zu überprüfen. Blüten und Laub können natürlich auch angedrahtet werden, damit sie sich über den Rand des Gefäßes biegen lassen. Achten Sie jedoch in diesem Fall darauf, daß sie wie natürlich gewachsen wirken. Auch bei diesen Arrangements müssen Pflanzen und Gefäß zusammenpassen. Und streben Sie stets eine schlichte, ungekünstelte Wirkung an.

Wanddekorationen beschränken sich nicht allein auf Arrangements in Gefäßen, die speziell angefertigt wur-

**Ein bäuerliches Arrangement**
Orangerote Strohblumen, goldene Gerste und Heubüschel kommen am besten zur Geltung, wenn man sie etwas oberhalb der Augenhöhe aufhängt. Einige Getreidehalme haben einen Drahtkern bekommen und wurden geknickt. Sie sehen nun aus, als seien sie umgebrochen. Dadurch und durch einige wenige Garben wird die ungezwungene Wirkung dieses bäuerlichen Arrangements noch verstärkt.

den, um wie dreidimensionale Bilder aufgehängt zu werden. Niemand hindert Sie daran, auch attraktive einseitige Trockensträuße direkt an die Wand zu hängen (s. Seite 95), Sie sollten sie nur hübsch befestigen, beispielsweise mit einer Schleife oder einem Bastzopf. Ein sorgfältig gestalteter Strauß aus Pflanzen, die mit der Einrichtung des Raumes harmonieren, kann ebenso wirkungsvoll sein wie ein Bild. Da die Blüten nach unten gerichtet sind, können Sie den Schmuck, falls erforderlich, weit oben an der Wand anbringen. Auf ähnliche Weise lassen sich Kränze verwenden, die jedoch konventioneller wirken (s. Seite 98/99). In Gruppen arrangierte Sträuße oder Kränze geben einer Wand eine neue Dimension. Auf diese Weise entstehen großflächigere Dekorationen, die einen ausgeprägten jahreszeitlichen Charakter haben können.

### Großflächige Wandarrangements

Wer über den nötigen Platz verfügt, kann einen so kunstvollen Wandschmuck entstehen lassen, wie er rechts abgebildet ist. Er wirkt ebenso dicht und voll wie an der Decke aufgehängte Sträuße, ist jedoch zweidimensional. Der optische Eindruck, den er erweckt, ist dem eines seltenen Teppichs oder einer Wandstickerei vergleichbar.

Vor einer weißen Wand kommen die intensiven, vielfältigen Farben und Strukturen der Trockenblumen wunderbar zur Geltung. Will man einen Wandschmuck vor einem farbigen Hintergrund arrangieren, sollte man die Pflanzen sorgfältig auswählen, damit die Farben nicht nur miteinander, sondern auch mit dem Hintergrund harmonieren.

**Rahmen zum Aufhängen von Sträußen**
Bringen Sie an der Wand im Abstand von 1,5 m zwei Haken an, und hängen Sie dort Ketten auf, durch deren Glieder sich 1,8 m lange Bambusstäbe stekken lassen. An ihnen werden später die Sträuße befestigt. Bevor Sie die Blumen an den Stäben festbinden, sollten Sie das Arrangement auf dem Fußboden auslegen und die Farbkombination prüfen.

# Wandtischchen und Bodenflächen

Diesen beiden Standorten ist gemeinsam, daß sie oft große, imposante Arrangements erfordern. Da diese gewöhnlich an einer Wand oder – im Sommer – vor einem Kamin aufgestellt werden, sollten sie eine verhältnismäßig flache Rückseite haben und von allen anderen Seiten hübsch aussehen. Wo genügend Platz ist, kommt auch ein Bodenarrangement in Frage. Man plaziert es entweder in einer Zimmerecke oder stellt es frei auf, wodurch es die gleiche Bedeutung wie ein Möbelstück bekommt. Ein solches Arrangement kann vom Boden bis zur Decke reichen oder sich – wenn es niedriger ist – kaskadenartig aus einem großen Kübel oder Korb ranken.

**Wandtischchen**

Wandtischchen stellt man häufig in Fluren auf, und jedes Arrangement, das dort seinen Platz gefunden hat, fällt beim Betreten des Hauses sofort ins Auge. Deshalb ist seine optische Wirkung besonders wichtig. Bevor man mit dem Arrangieren beginnt, sollte man die Beziehung zwischen Tisch, dahinterliegender Wand und darüber befindlicher Decke studieren. Gefäß und Pflanzen müssen dem Raum zwischen Tisch und Decke angemessen sein und auch mit der Größe des Tisches in Einklang stehen. Darüber hinaus muß das Arrangement mit allen in der Nähe befindlichen Dekorationen, wie etwa Gemälden, harmonieren. Solche ins Auge fallenden Kompositionen bieten sich von selbst für interessante Strukturen und Farben an. Für Wandtische in anderen Räumen des Hauses sollten die Arrangements weniger dramatisch sein, doch gelten für ihre Gestaltung die gleichen Regeln.

**Bodenflächen**

Ein großes Bodenarrangement ist ein imposantes Objekt, für das man eine große Menge Trockenpflanzen braucht. Mit am wirkungsvollsten sind schlichte Gestecke, für die skulpturhafte Zweige und Pflanzen verwendet wurden. Reicht ein Arrangement bis zur Decke, braucht man ein großes, schweres Gefäß, das mit dem natürlichen Wuchs der Trockenpflanzen harmoniert. Solche Kompositionen haben ausgeprägte Formen und Strukturen. Auch für niedrigere Gestecke können Sie neben den üblichen Trockenblumen größere Pflanzen verwenden.

**Arrangement im Krug** (rechts)
Ein traditioneller Krug mit Rohrkolben ist das perfekte Arrangement für diesen Wandtisch aus dem 17. Jahrhundert. Da sich die Stengel im Krug leicht senkrecht stellen, wurde ein Stück Steckmasse in das Gefäß gesetzt, das ihnen Halt gibt. Die Rohrkolben sehen nun sowohl von vorn als auch von den Seiten hübsch aus.

**Bodenarrangement** (rechts)
Dieses Arrangement ist schlicht, aber dennoch beeindruckend. Vom Boden bis zur obersten Blattspitze mißt es zwei Meter. Es besteht aus filigranem silbrigem Bambusgras und den rostfarbenen Samenständen des Sauerampfers, die in der steinähnlichen skulpturhaften Vase ein zartes Gefüge bilden. Diese Komposition ist ausgesprochen wirkungsvoll.

# Postamente

Auf Postamenten stehende Arrangements sind gewöhnlich von stattlicher Größe und so gestaltet, daß sie einen auffälligen Blickfang bilden. Es ist ein solides Postament notwendig, das das Gewicht von Pflanzen und Gefäß tragen kann. Letzteres muß schwer sein und eine weite Öffnung haben, damit viele Pflanzenstengel darin Platz finden. Für große Arrangements können Sie die Steckmasse weit über den Rand des Gefäßes hinausstehen lassen – die einzelnen Blöcke werden mit Klebeband oder Kükendraht zusammengehalten. Auf diese Weise lassen sich Pflanzen auch sehr schräg einsetzen, damit ihre Blüten voll zur Geltung kommen.

Am schönsten wird ein Gesteck, wenn es sich beim Arrangieren bereits an seinem Platz befindet und man die Blumen von einer Trittleiter aus einsetzt. Begutachten Sie das Arrangement während der Arbeit immer wieder aus einiger Entfernung, um sicher zu sein, daß es aus allen Blickrichtungen wohlproportioniert wirkt.

**Sommerarrangement in Pastelltönen**
Zu den Pflanzen, deren Stengel in vielen Fällen verlängert wurden (s. Seite 64/65), gehören Sonnenflügel, Känguruhblumen, Schleierkraut, Bambusgras, Eselsohren, feine Gräser und Banksialaub. In der Kunststeinurne befindet sich ein Eimer, der mit Steckmasse gefüllt ist, die 20 cm über den Rand hinaussteht.

# JAHRESZEITEN UND FESTTAGE

Mit zunehmender Erfahrung im Arrangieren von Trockenblumen können Sie besondere Ereignisse zum Anlaß nehmen, um mit ihrer Stimmung harmonierende Arrangements zu gestalten. Im folgenden Kapitel finden Sie Trockenblumendekorationen, die das Thema »Jahreszeiten« aufgreifen, ihre Stimmungen einfangen, sowie Blumenschmuck für gesellschaftliche Anlässe und Familienfeste. Sie können alle gezeigten Tisch- und Bodenarrangements, Buketts, Schmuckranken und Girlanden Ihren besonderen Ideen und Erfordernissen anpassen und sollten sie als Anregungen für eigene Designs betrachten. Lassen Sie sich von ihnen ermutigen und inspirieren.

# Frühjahr

Das erste Schneeglöckchen im Frühjahr und die nachfolgenden Zwiebelblumen entzücken uns immer wieder aufs neue, denn sie wirken so zart und sind doch so robust. Plötzlich stellen wir erleichtert fest, daß die Tage wieder länger werden, und gleichzeitig entdekken wir überall Anzeichen neuen Lebens. Zunächst sind es nur ein paar verstreute, winzige, weiße Blumen, doch wenn die Sonne am Himmel höher steigt, werden die Boten des Frühlings immer zahlreicher. Immer häufiger findet man frische grüne Triebe, und schon bald blühen überall gelbe Osterglocken. Helles, aber dennoch leuchtendes Grün und Gelb sind die beherrschenden Farben des Frühlings. Moosteppiche in Parks und Gärten erwachen durch Narzissen zu neuem Leben, hier und da erspähen wir einige Blausternchen, und gelegentlich zeigt sich auch schon eine vorwitzige rote Tulpe.

**Ein Mooskissen stecken**

Um ein Mooskissen zu gestalten, klebt man einige Pinholder auf eine große Fleischplatte (s. Seite 62) und setzt dünne Stükke Steckmasse darauf. Dann klebt man weitere Pinholder paarweise an den Rückseiten zusammen und drückt sie so in die Steckmasse, daß der obere Teil herausschaut. Anschließend setzt man Grimmia-Moos darauf und schmückt das Kissen mit angedrahteten Blumen.

Die Vorstellung, ein Frühlingsarrangement aus getrockneten Blumen anzufertigen, mag manchem auf den ersten Blick sonderbar erscheinen. Bedauerlicherweise enthalten Frühlingsblumen selbst zu viel Wasser, um sich gut trocknen zu lassen. Ausgezeichnet trocknet dagegen Grimmia-Moos, das darüber hinaus kaum an Farbe verliert. Und viele gelbe Blumen bieten sich von selbst zum Trocknen an, wie beispielsweise Italienische Immortelle, leuchtendgelber Meerlavendel und Gartenstrohblumen, die alle ein frisches, frühlingshaftes Gelb bewahren. Mit Materialien wie diesen können Sie phantastisch die Stimmung des Frühlings einfangen, und andere werden glauben, es handele sich nicht etwa um getrocknete, sondern um frische Blumen.

**Ein frühlingshaftes Mooskissen**
Das fertige Arrangement enthält rosafarbenes Leimkraut, Italienische Immortelle und einzelne leuchtendblaue Rittersspornblüten. Alle diese Blumen wurden angedrahtet (s. Seite 64) und in Gruppen in das Moos gesteckt. Hartstieligere Garben und die weißen Sonnenflügel runden das Arrangement ab, das frisch wie ein Frühlingstag wirkt.

# Sommer

In gemäßigteren Klimazonen sehnt man sich während der vielen kurzen Wintertage häufig danach, daß die Farben und die Wärme des Sommers wiederkehren möchten. Zu Sommerbeginn öffnen sich die ersten Rosen, das Gras nimmt ein wundervolles, sattes Grün an, neue Farnwedel rollen sich auseinander, und die ersten Blütenknospen sommerblühender Sträucher, Stauden und einjähriger Pflanzen brechen auf. All dies ist ein Vorgeschmack auf die reichen Farben, die im Hochsommer die Gartenbeete füllen. Die Vielfalt der leuchtenden Sommerfarben scheint grenzenlos. Da sind tiefes, samtiges Rot und großartiges Rosa, leuchtendes Gelb, Himmelblau, warme Cremetöne, tiefes Violett, mattes und kräftiges Grün – und alle Farben werden durch Ähren, Rispen und Trichterblüten im reinsten Weiß noch betont.

**Im Sommer geerntete Trockenpflanzen**

Nun ist Erntezeit für die meisten Blumen, die sich zum Trocknen eignen. Zu Beginn der Saison werden Astilben, frühe Rosen und Frauenmantel gepflückt. Einen Monat später folgen Garben, Schleierkraut, Meerlavendel, Strohblumen und Papierknöpfchen. Etwas später sind Rittersporn und die Sonnenflügel-Arten an der Reihe und zum Ende der Saison schließlich Hortensien und Kardonen. Die Blumen werden wenige Tage, bevor sie voll erblüht sind, geschnitten und zum Trocknen an einen kühlen, luftigen Ort gehängt. Vollentwickelte Blätter und Farnwedel können, zwischen Papier gelegt, unter einem Teppich gepreßt werden (s. Seite 177). Die meisten Sommerblumen trocknen problemlos. Man muß auch keine großen Mengen trocknen, sondern kann es zunächst einmal mit einigen wenigen Sträußen aus Gartenblumen versuchen. Später verwendet man sie entweder zum Gestalten von Arrangements oder beläßt die Sträuße wie sie sind, um mit ihnen die Decke des Flurs, des Wohnzimmers oder der Küche zu schmücken.

**Wie man das Gesteck zusammenstellt**

Die für den rechts abgebildeten sommerlichen Korb verwendeten Pflanzen wurden in vier Farbgruppen eingeteilt. Dabei ist jede Regenbogenfarbe vertreten. Der linke Strauß enthält mit Gartenstrohblumen, Schleierkraut, Garben, Mohnkapseln und Eselsdisteln gelbe, cremefarbene und weiße Töne. Im mittleren Strauß finden sich mit Rosen, Hahnenkamm, Lunaria, Rittersporn und Sonnenflügeln leuchtende rote und rosa Töne. Der Strauß unten besteht aus blauem Rittersporn, Kugeldisteln und fliederfarbenen Hortensien. Und der grüne Strauß setzt sich aus Sumpfeichenblättern, Farnwedeln, Fuchsschwanz und Hortensien zusammen. Sorgfältig verteilte leuchtendgelbe Strohblumen verleihen dem Arrangement Lebendigkeit.

**Farben und Strukturen des Sommers**
Die Blumenmischung in diesem Korb repräsentiert die ganze Pracht des Hochsommers. Einzeln oder in Gruppen arrangiert, betonen und ergänzen sich die Blumen gegenseitig in einem Gesteck voller satter Farben und Strukturen.

# Herbst

Die üppige Fülle der Sommerblumen macht nun der traditionellen Herbsternte Platz, da Früchte und Fruchtstände reif werden und sich das Laub in rostfarbenen und goldenen Tönen färbt. Auf den Feldern steht das wogende Getreide, und die milde Sonne wirft lange Schatten, während sie ihre Bahnen tiefer am Himmel zieht. Am frühen Morgen sind die Wiesen mit Tau benetzt, und am Abend wird die Luft plötzlich frisch und kühl.

**Im Herbst geerntete Trockenpflanzen**

In dieser Jahreszeit werden nun herbstliche Blätter, Blüten und Fruchtstände geerntet. Herbstlaub muß geschnitten werden, wenn es am farbenprächtigsten ist. Warten Sie nicht zu lange! Sobald die Bäume beginnen, den Saft aus den Blättern zurückzuziehen, trocknen diese rasch aus, und läßt man sie nur einen Tag zu lange am Baum, fallen sie einfach ab. Man kann Blätter entweder einzeln pressen oder sie an den Zweigen zum Trocknen in eine Vase stellen, die etwas Wasser enthält, welches nach und nach verdunstet (s. Seite 170).

Viele Herbstblumen, darunter kleine Pompondahlien, die fedrigen Goldruten und die leuchtend orangefarbenen Laternen der Lampionblume, können zum Trocknen aufgehängt werden, ebenso Hortensien, die man aber auch einfach in eine Vase mit etwas Wasser stellen kann, das langsam verdunstet. Mit dem Schneiden der Hortensien wartet man, bis die kleinen Blütchen in der Mitte der Hochblätter welken. Samentragende Gräser, Getreide, Schilfrohr, Binsen und ähnliche Pflanzen werden gepflückt, wenn sie am schönsten sind. Sie lassen sich leicht trocknen und können entweder auf Papier gelegt oder ohne Wasser in eine Vase gestellt werden. Manche Fruchtstände, wie Rohrkolben und Pampasgras, müssen Sie mit Spray behandeln (s. Seite 171), damit sie nicht aufbrechen und ihre Samen ausstreuen. Rohrkolben muß man besonders reichlich besprühen und so rasch wie möglich trocknen, da sie sonst nicht ganz bleiben.

In dieser Jahreszeit sollten alle Pflanzen so zeitig wie möglich geerntet und schnell getrocknet werden, bevor der Wind Schaden anrichten kann und die aufkommende Kälte und Feuchtigkeit dazu führt, daß die Pflanzen verrotten.

**Eine Garbe binden**

Sie benötigen ein dickes Bündel Gerste mit dunklen Grannen. Aus drei Vierteln der Halme wird ein Kern angefertigt. Dazu legt man Schichten gestaffelt aufeinander und bindet sie jeweils mit Schnur fest. Die restlichen Halme bilden den äußeren Mantel und werden mit einem Stück Schnur so an den Kern gebunden, daß sie sich spiralförmig drehen. Die Enden der Halme sorgfältig stutzen, damit die Garbe auf ihrem Kern stehen kann. Die Bindestelle unter einem Bastzopf verstecken, der gleichzeitig als Schmuck dient.

**Eine herbstliche Komposition**
Goldbraune Blätter wurden hier in einer schlichten, trichterförmigen Vase arrangiert und getrocknet. Die Blätter biegen sich nach außen und berühren fast die Getreidegarbe, die neben ihnen steht. Obwohl die beiden Arrangements hier eine Einheit bilden, würde auch jedes für sich allein gut zur Geltung kommen.

# Winter

Im Winter wird die Landschaft von gespenstischen, unbelaubten Bäumen und Büschen geprägt, und die nackte Erde nimmt ein eisiges Grau an. Die Sonne wärmt nicht mehr, doch flutet sie, da sie nun tief am Himmel steht, durch die kahlen Äste und Zweige. Nur Koniferen und wenige immergrüne Laubbäume behalten während dieser Jahreszeit ihre Blätter, und das dunkle, düstere Grün dieses Laubs verstärkt die eisige Atmosphäre der Landschaft.

**Im Winter geerntete Trockenpflanzen**

In dieser Jahreszeit wird Material gesammelt, das Trockenarrangements Struktur und Textur verleiht. Im Winter geschnittene, unbelaubte Zweige und Ästchen, die man in einer Fülle an Formen findet, trocknen gut, da sie nur noch wenig Saft führen. Manche Zweige sind mit zarten, phantastisch gewachsenen Flechten überzogen, andere tragen knorrige Zapfen, die ihre starren Konturen mildern. Daneben gibt es verdrehte Kletterpflanzen, deren Triebe sich – solange sie noch nicht trocken sind – ideal zur Anfertigung von Kränzen eignen (s. Seite 72/73), und auf dem Boden liegen abgebrochene Äste, die perfekte Stämme für Trockenbäume sind. Nach dem Laubfall werden auf einmal zahlreiche unerwartete Fruchtstände sichtbar, wie die der wilden Iris, der Waldrebe und des Herkuleskrauts. Darüber hinaus finden sich viele unterschiedliche Zapfen, die zu Boden gefallen sind. Die Anleitungen zum Trocknen dieses feuchten Sammelguts beginnen auf Seite 169.

Die besten winterlichen Trockenarrangements sind solche, die schlicht und eher karg wirken. Einfache neutrale Körbe können mit unterschiedlichsten Zweigen gefüllt werden oder mit Ästchen von Koniferen, die nach dem Trocknen ihre Nadeln nicht abwerfen, wie Zeder, Tanne und viele Kiefernarten. Wählen Sie interessant geformte Zweige aus, die Sie mit einer Gartenschere sauber abschneiden, damit der Baum keinen Schaden nimmt.

Die verwendeten Gefäße sollten kühl wirken und vielleicht opak sein und glänzend, wie das Eis auf einem Teich, oder rissig und braun wie gefrorene Erde. Sie können reisigverkleidete Körbe (s. Seite 85) mit skeletthaften Arrangements aus knorrigem Holz und leeren Fruchtständen kombinieren. Ein Gefäß mit einer engen Öffnung ist mitunter die ideale Vase für einen einzelnen Koniferenzweig, insbesondere wenn er einige wohlplazierte Zapfen trägt.

Düstere Wintergestecke bekommen einen heiteren Charakter, wenn einige leuchtend gefärbte Materialien hinzugefügt werden. Funkelnde rote und rosa Strohblumen, Lampionblumen und der violette Zylinderputzer geben dem schweren grünen Laub und der dunkelbraunen Rinde winterlicher Zweige eine fröhliche Note. Zweige, Zapfen und andere Fruchtstände erhalten einen festlichen Charakter, wenn man sie silbern oder golden ansprüht und mit schimmerndem Flitter bestreut. Die Samenstände von Herkuleskraut und Lauch eignen sich hierfür gut.

**Schlichtes Winterarrangement**
Wenige zapfenbesetzte Kiefernzweige ergänzen Farbe und Stimmung dieser rost- und bronzefarben schimmernden Vase auf gelungene Weise. Die feingliedrigen Lärchenzweige mit ihren kleineren Zapfen bilden das Grundgerüst für dieses schlichte Arrangement.

# Abendgesellschaft

Gibt man eine Abendgesellschaft, um einen Geburtstag oder ein Jubiläum zu feiern, sollte man dem Zimmerschmuck besondere Aufmerksamkeit schenken, da auch er dazu beiträgt, daß der Abend zum unvergeßlichen Ereignis wird. Phantasievoll arrangierte Trockenblumen verleihen jeder Feier einen besonderen Zauber.

Den größten Teil des Abends verbringen die Gäste gewöhnlich am Eßtisch. Hat die Gesellschaft erst einmal dort Platz genommen, geraten in der entspannten Atmosphäre nach dem Essen oft alle Absichten, sich dann in einen anderen Raum zu begeben, in Vergessenheit. Es ist deshalb eine gute Idee, den Tisch und in der Nähe befindliche Möbelstücke mit Arrangements zu schmücken. Sie können aber auch im Eßzimmer eine geschmackvolle Blumendekoration an die Wand hängen oder für eine Ecke des Raums ein Bodenarrangement gestalten.

Die besten Gestaltungsideen für solche Anlässe beruhen gewöhnlich auf der Variation eines Grundthemas. So kann man sich beispielsweise bei der Auswahl der Blumen auf eine außergewöhnliche Farbe beschränken oder nur besonders strukturreiche Pflanzen verwenden. Beim rechts gezeigten Tischschmuck war die Grundidee, ein originelles Gefäß – eine winzige »Tragetasche« aus Keramik – immer wieder zu verwenden.

**Tischschmuck**
In den Tragetaschen aus Keramik stehen Sträußchen aus zarten, rosa, blauen und gelben Blumen, zwischen denen grünes, dorniges Laub steckt.

**Gesamtharmonie** (rechts)
Die Farben und Formen der Sträußchen in den Keramikväschen sind denen des Bodenarrangements in dem großen Holzkübel sehr ähnlich.

**Bodenarrangement** (links)
Neben dem Tisch, doch außer Reichweite der Stühle, steht ein weißgestrichener hölzerner Kübel. Er ist mit langstieligem Rittersporn in Rosa, Weiß und Blau gefüllt, der durch einige Stengel leuchtendgelben Meerlavendels und fedriges Grün belebt wird. Dieses große Arrangement gehört zu einer Speisezimmerdekoration, der ein Thema zugrunde liegt.

**Eßtischschmuck**
(gegenüber)
Hier hat man fünf kleine Tragetaschen aus Keramik strahlenförmig in die Tischmitte gesetzt. Sie wurden mit Steckmasse gefüllt und mit Kerzenhaltern versehen. Die Sträußchen haben einen annähernd ovalen Umriß und wurden aus den gleichen Pflanzen wie die übrige Tischdekoration zusammengestellt. Trockenpflanzen, die man mit Kerzen arrangiert, sollten unbedingt mit einem entsprechenden handelsüblichen Spray behandelt werden, damit sie kein Feuer fangen.

**Alternative Tischdekoration**
Eine andere Idee für einen Eßtischschmuck ist diese Zusammenstellung aus leuchtendroten Rosen, silbrigen Islandmoosbüscheln und gepreßten Farnwedeln, die in einer schlichten, flachen Terrakottaschale arrangiert wurden. Auch jedem Gast kann man in einer kleinen Terrakottaschale ein Gesteck aus den genannten Pflanzen an seinen Platz stellen.

# Erntedankfest

Der Herbst zieht ein und mit ihm ein Gefühl der Wehmut, denn vorbei sind die langen und unbeschwerten Sommertage – aber doch fühlt man sich auf irgendeine Weise bereichert. Wenn die Ernte eingebracht wird, die Abende kälter werden und Feuer im Kamin knistert, ist die Zeit gekommen, um der Natur für alle ihre Gaben zu danken. Dies ist der ideale Zeitpunkt für ein Fest, denn bis zu den Weihnachtsfeiertagen und dem Jahreswechsel wird noch eine ganze Weile vergehen.

Und nun haben auch Trockenpflanzen Hochsaison. Die im Sommer und Frühherbst gepflückten Sträuße sind getrocknet, und das Farbspektrum des Herbstes mit seinen strahlenden Gold-, Rost- und Orangetönen, die Reife symbolisieren, bietet sich für wundervolle Arrangements an. Alle diese Pflanzen lassen eine anheimelnde Atmosphäre entstehen, selbst wenn es draußen regnet und stürmt. Denken Sie daran, wieviel Wärme leuchtende Blumen, wie tiefrote Pompondahlien, Goldruten und orange Lampionblumen, und die vielen Färbungen der Hortensien ausstrahlen. Und vergessen Sie nicht, daß sich auch reifes Getreide, Mais, Wildgräser und alle nur denkbaren Fruchtstände für Gebinde und Gestecke eignen. In Geschäften und auf Märkten finden Sie ein reichhaltiges Angebot an Obst und Gemüsen in den gleichen leuchtenden Farben, wie rotbackige Äpfel, goldgelbe Birnen, Kürbisse und Melonen. Auch sie lassen sich zusammen mit Trockenblumen für Arrangements verwenden. So können Sie beispielsweise einen Kürbis oder eine Melone aushöhlen, um ein originelles Gefäß zu erhalten, und mit Früchten und Trockenpflanzen Körbe füllen oder eine Girlande schmücken.

**Herbstlicher Schmuck**
Die beiden einseitigen Sträußchen in herbstlichen Farben sind dadurch entstanden, daß kleine Blumen durch eine große Hortensienblüte gesteckt wurden. Zwischen ihnen steht ein bunt bemalter Tonkrug mit Adlerfarn, Dahlien und Goldruten.

**Anheimelnde Diele** (rechts)
Die sich um den Türrahmen windende Schmuckranke wird durch den Kranz an der Tür wunderbar ergänzt. Links steht eine Gerstengarbe (s. Seite 138), und auf der rechten Seite wurde ein Tischchen mit herbstlichen Blumenarrangements und einem Kürbis geschmückt.

**Eine Erntegirlande anfertigen** (oben und links)
Als Steckunterlage dient eine mit Heu gefüllte Kükendrahtrolle (s. Seite 73). Drahten Sie getrennte Sträußchen aus Lampionblumen und Gerste sowie Heubüschel an. Stecken Sie durch den Stengel jedes Maiskolbens Blumendraht, und wickeln Sie ihn zur Befestigung darum. Bei Äpfeln wird Blumendraht durch das Kerngehäuse geschoben. Man biegt das obere Ende um und zieht den Draht zurück, damit das Ende nicht mehr sichtbar ist.

**Tischschmuck** (rechts)
Der pralle Kürbis liegt neben einem reliefverzierten Krug, in dem Gerste, Gräser und Lampionblumen arrangiert wurden. Daneben sehen Sie ein dekoratives Füllhorn, das mit Heu verkleidet ist.

Ein einladender Kranz aus Stechpalme und Kiefer an der Haustür, ein loderndes Feuer im Kamin, der mit einer üppigen Girlande aus Kiefernzweigen, Zapfen, leuchtenden Blüten und Bändern dekoriert ist, mit Pflanzenranken geschmückte Bilder oder rote, grüne, silberne und rosafarbene Arrangements aus Laub, Blumen, Nüssen, Zapfen und Bändern – dies sind nur einige Dinge, die Ihnen vielleicht bei dem Gedanken an Weihnachten in den Sinn kommen.

Fertigen Sie aus Rosen, Strohblumen, Zylinderputzern und Lampionblumen schöne, leuchtend gefärbte Girlanden, Kränze und Arrangements an, die die festliche Stimmung dieser Feiertage widerspiegeln. Das winterliche Grün vieler Kiefernarten eignet sich sowohl für frische als auch für getrocknete Arrangements ideal. Besprühen Sie Äste und Blätter silbern und golden, und streuen Sie Glitter darauf, bevor die Farbe trocknet. Drahten Sie Nüsse und Zapfen an (s. Seite 66/67), die Sie ebenfalls silbern, rot oder golden besprühen und mit Flitter überziehen oder einfach lackieren, wenn sie zusammen mit leuchtend gefärbten Blumen arrangiert werden sollen. Da sich Stechpalme leider nicht trocknen läßt, muß sie – falls man sie in einer Weihnachtsdekoration verwendet – eventuell erneuert werden.

Basteln Sie Weihnachtsbaumschmuck aus getrockneten Blumen. Sie können beispielsweise vier oder fünf leuchtende Strohblumenblüten zu kleinen Kugeln zusammenkleben und diese neben herkömmlichen Glas- und Papierdekorationen an den Baum hängen.

**Ein silberner Strauß**
Die Zweige und Eukalyptusblätter wurden mit Silberfarbe besprüht und mit Glitter bestreut.

**Geschmücktes Zimmer**
Weihnachtsbaum, Wandschmuck und Dekorationen an Bildern und auf Tischen verbreiten festliche Atmosphäre.

**Festliches Gebinde** (links)
Als Unterlage für diesen Wandschmuck wurden drei 60 cm lange Tannenzweige und einige mit silbernen Zapfen besetzte Reiser zusammengebunden. Die Bindestelle wird von einer silbernen Schleife verdeckt, von der aus sich rote, rosa und silberne Bänder herabringeln. Darüber hinaus wurden an den Zweigen rote und rosa Strohblumenbüschel sowie einige rosa Kugeln und Bänder befestigt.

**Imposante Schmuckranke**
Ein weihnachtliches Bild setzt das optische Gegengewicht zu den asymmetrischen Schmuckranken über dem Kamin. Die beiden Ranken wurden aus übereinanderliegenden Sträußen gebunden (s. Seite 100). Zu den verwendeten Pflanzen gehören getrocknete Kiefernzweige, rote und rosa Strohblumen, Reiser mit silbrig glitzernden Zapfen, die erdbeerartigen Blüten von *Leptospermum* und frische weißbunte Stechpalmenzweige.

**Schlichtes Arrangement im Blumentopf** (oben)
Hier wurde eine Kugel aus Kükendraht (s. Seite 70) mit grüngefärbtem Islandmoos verkleidet und leuchtendroten, angedrahteten Beeren verziert.

**Wuchshaftes Arrangement** (rechts)
Dünne Reiser, die aus duftigem Meerlavendel und Eukalyptusblättern herausragen, verleihen diesem Gesteck eine zarte, ungekünstelte Wirkung.

**Waldimpressionen** (links)
Dieses Arrangement besteht aus einem mit dunkelgrünem Islandmoos verkleideten Korb, in dem sich Tannenzweige, glitzernde Walnüsse und Zapfen sowie duftiges Schleierkraut, das mit funkelndem Glitter bestreut wurde, drängen. Als Akzente wurden leuchtendrote Beeren dazwischengesteckt.

**Adventskranz** (unten)
Für diese geschlossene Komposition wurden grüne Kerzen mit Waldreben-Fruchtständen, dunkelrosa Rosen, blaßrosa Strohblumen, grünen Hortensien, grünem Islandmoos, Agonis und Königsfarn arrangiert. Das elegante Gesteck hat eine Unterlage aus Moos und Kükendraht (s. Seite 73).

# Hochzeit

Zu diesem Tag, der für viele Menschen zu den wichtigsten des Lebens zählt, gehören immer Blumen. Braut und Brautjungfern tragen stets einen Strauß in der Hand und haben oft Kränze im Haar. Auch Kirche und Standesamt sind mit Blumen geschmückt, und darüber hinaus ist es ein alter Brauch, Blütenblätter auf Braut und Bräutigam herniederregnen zu lassen. Frische Buketts sehen an diesem Tag wunderschön aus, aber leider welken sie rasch dahin. Trockenblumen hingegen halten viele Jahre und sind eine bleibende Erinnerung an diesen besonderen Tag.

Trockenblumen haben ferner den großen Vorteil, daß man Buketts, Kopfschmuck, Girlanden und andere Dekorationen rechtzeitig – gegebenenfalls mehrere Wochen vor dem Hochzeitstag – anfertigen kann.

### Farbwahl

Es ist wichtig, für die Blumendekorationen einer Hochzeit eine bestimmte Farbwahl zu treffen. Dies bedeutet nicht, daß man für alle Arrangements die gleichen Blumen verwenden muß, Farben und Strukturen sollten jedoch harmonieren. Zwar ist eine Hochzeit ganz in Weiß zweifellos wunderschön, doch verwendet man heute eher Zusammenstellungen aus weißen und creme- oder pastellfarbenen Blumen oder ganz bunte Sträuße.

### Buketts und runde Sträußchen

Brautstäuße gibt es in vielen Variationen, und wichtig ist nur, daß sie sich gut halten lassen und zwar auffällig, aber nicht dominierend wirken. Sträuße in Tropfenform, wie man sie für Hochzeiten gern verwendet, sind heute selten länger als 45 cm und können streng oder auch sehr unkonventionell gestaltet sein. Manche Bräute bevorzugen kurze runde Sträußchen (s. Seite 92/93), wie sie meist die Brautjungfern haben, und darüber hinaus besteht die Möglichkeit, ein wunderschönes Bukett im Arm zu tragen.

### Trockenblumenschmuck für den Empfang

Das Büfett und der Tisch, auf dem die Hochzeitstorte steht, können mit Girlanden geschmückt werden (s. Seite 102/103) an deren Enden dekorative Schleifen sitzen. Die Torte kann man mit einem Kranz aus Blüten umgeben und mit einer kleinen Blumenvase krönen. Auch für alle anderen Tische und für Postamente können Blumenarrangements gestaltet werden (s. Seite 132 und 124.)

**Der fertige Hochzeitsschmuck**
Rund um den Tisch, auf dem die Hochzeitstorte steht, sind Blumengirlanden befestigt. Um die Torte wurde ein Kranz aus Blüten gelegt, und ein winziges Sträußchen bildet einen krönenden Schmuck. Neben der Torte liegt das Brautbukett. Auf dem Stuhl vor dem Postament befinden sich der Brautkranz und ein Sträußchen für die Brautjungfer.

**Den Brautkranz binden**

**1** Zunächst aus den gewählten Blumen kleine Sträußchen binden. Dann zwei Blumendrähte aneinandersetzen und ein Ende zu einer Öse biegen. Den Draht auf den Kopfumfang zuzüglich 5 cm kürzen und ihn mit Blumenband umwickeln.

**2** Die Sträußchen mit Silberdraht befestigen, Bindestellen mit Band umwickeln. Die Öse wird durch das erste Sträußchen verdeckt, die Stiele verschwinden jeweils unter den Blüten des nächsten. Die letzten 2,5 cm des Drahtes frei lassen.

**3** Aus dem geschmückten Blumendraht einen Kranz formen, das Ende durch die Öse stecken und umbiegen. Die Blüten des ersten Sträußchens sollten über den Stielen des letzten liegen und so wird die Verbindung verdeckt.

**Brautkranz und Brautstrauß** (unten)
Der links gebundene Brautkranz ist unten neben dem Brautstrauß fertig zu sehen. Nachdem ihn die Braut aufgesetzt hat, können die Blumen noch zurechtgezupft werden. Beim Brautstrauß handelt es sich um ein schlichtes Bukett (s. Seite 92), das aus den gleichen Blumen wie der Kranz gebunden wurde. Zu ihnen gehören leuchtendrosa Rosen, Schleierkraut, pastellrosa Strohblumen, gelbe Känguruhblumen, Hafer und ein wenig fedriges Grün. Beim Binden beginnt man mit den langstieligsten Blumen. Darauf achten, daß von den Rosenstielen alle Dornen entfernt wurden.

**Sträußchen für die Hochzeitstorte**
Ein kleiner Silberkrug eignet sich bestens für ein Blumensträußchen, mit dem die Hochzeitstorte gekrönt wird. Neben Rosen und Strohblumen, die auch für den Brautstrauß verwendet wurden, besteht dieses kleine Arrangement aus weißen *Leptospermum*-Blüten, *Leucadendron*-Zweigen und duftigem, silbernem Laub.

**Die Blumen der Brautjungfern** (rechts)
Trockenblumenarrangements für Brautjungfern. Das Blumenkörbchen eignet sich ideal für ganz junge Brautjungfern, denn es ist klein und leicht und läßt sich bequem tragen. Die hübsche Blumenkugel, die Fünf- bis Zehnjährige besonders gern mögen, hat eine moosverkleidete Unterlage aus Steckmasse. Kleine runde Sträußchen passen zu jeder Brautjungfer. Die Blumenstengel können – dicht unter den Blüten beginnend – mit Band umwickelt werden (s. Seite 158).

## Einen Brautstrauß in Tropfenform binden

1 Alle Pflanzen andrahten, den Draht mit Band umwickeln. Dann ein Sträußchen mit einer flachen Rückseite zusammenstellen, dessen Höhe drei Vierteln der Gesamtlänge des Buketts entspricht. Die Pflanzen einzeln mit Silberdraht befestigen, Stengel kürzen und mit Band umwickeln.

2 Weitere Blumen dazubinden und so den Umriß langsam fächerförmig breiter werden lassen, bis die Pflanzen in der gewünschten Länge herabhängen. Die umwickelten Drahtstengel werden während der Arbeit umgebogen, damit ein Griff entsteht.

3 Um die Tropfenform zu vervollständigen, werden oben weitere Pflanzen hinzugefügt. Angedrahtete Stengel machen es leicht, Blumen und Blätter in die gewünschte Position zu bringen. Den Silberdraht abschneiden und befestigen. Den Griff des Straußes auf etwa 17 cm kürzen.

4 Aus Band eine lange Schleife binden und den Griff von oben nach unten umwickeln. Am Anfang ein langes Ende hängen lassen.

5 Den Griff noch einmal von unten nach oben umwickeln, die beiden Bandenden verknoten und mit ihnen die Schleife festbinden.

6 Obwohl der Gestaltungstyp dieses Brautschmucks zur Formbinderei gehört, ist sein Umriß unregelmäßig.

# BLUMIGE DEKORATIONEN

Trockenpflanzenschmuck muß sich nicht allein auf herkömmliche Sträuße und Gebinde beschränken – es gibt noch zahlreiche andere Verwendungsmöglichkeiten für getrocknete Blüten und Blätter. Im folgenden Kapitel finden Sie viele Ideen für Dekorationen, die sich auch gut zum Verschenken eignen, wie duftende Potpourris, gerahmte Bilder aus gepreßten Pflanzen und reizende Miniaturarrangements.

# Potpourris

Viele Blumenblätter, etwa von Rosen, Lavendel, Mimosen und Veilchen, bewahren auch getrocknet noch lange ihren Wohlgeruch. Mischungen solcher Pflanzen verströmen zarte Düfte; gibt man Kräuter, Gewürze, Öle und Fixiermittel hinzu, entstehen Potpourris mit intensiveren Duftnoten.

Potpourris lassen sich auf zwei unterschiedliche Weisen zusammenstellen. Man schichtet die noch leicht feuchten Blütenblätter duftender Blumen abwechselnd mit Salz in einen Behälter, den man dann fest verschließt und zwei Wochen stehen läßt. Anschließend werden Kräuter, Gewürze und ein Fixiermittel dazugegeben. Der verschlossene Behälter wird noch einmal sechs Wochen aufbewahrt, bevor man kleine Mengen wohlriechender Öle oder Essenzen hinzufügt. Nach weiteren zwei Wochen ist der Potpourri dann fertig, und man füllt ihn in ein Gefäß mit Deckel um, dessen Wandung aber durchlässig sein muß. Beliebter ist heute jedoch ein anderes Herstellungsverfahren, bei dem vollständig getrocknete Pflanzen verwendet werden. Sie mischen duftende Blütenblätter mit Kräutern, Gewürzen, Fixiermitteln und Ölen und bewahren dieses Potpourri sechs Wochen in einem verschlossenen Behälter auf. Dann ist es fertig und kann in ein offenes Gefäß umgefüllt werden.

**REZEPTE**

**Frischduftende Mischung**
(trocken)
Je 1 Tasse: Mimosenblüten sowie Blätter von Zitronengeranie, Zitronenstrauch und Myrte
¼ Tasse Iriswurzelpulver
Abgeriebene Schale von zwei Zitronen
Je 4 Tropfen: Citronellöl und Geraniumöl
Dekoration: Farnwedel und Strohblumen

**Bauerngartenmischung**
(feucht)
5 Tassen Blumenblätter von rosafarbenen, duftenden Rosen
Je 2 Tassen: Ringelblumen, Päonien-Blumenblätter
Je 1 Tasse: Monardablüten, Geißblattblüten, duftende Nelken
4 Tassen Salz
½ Tasse Piment
⅓ Tasse Iriswurzelpulver
Je 6 Tropfen: Rosenöl, Geraniumöl, Bergamottöl

**Lavendel-Mischung** (trocken)
3 Tassen Lavendelblüten
2 Tassen blaßrosa Rosenblätter
Abgeriebene Schale von zwei Zitronen
Je 1 Tasse: Zitronenmelisse-Blätter und Leptospermum-Blätter, Waldmeister
¼ Tasse Iriswurzelpulver
4 Tropfen Lavendelöl

**Gewürzmischung** (feucht)
Je 1 Tasse: Wacholderbeeren, Lorbeeren, Myrtenfrüchte, Sandelholzbaumfrüchte, Parkinsonie, Hagebutten, Monardablüten, Rosen-Blumenblätter
Je 2 Eßlöffel: Zimt, Gewürznelken
Je ½ Tasse: geschnittene Ingwerwurzel, zerstoßenes Piment, Anissamen, rotes Islandmoos, Patschuli
Abgeriebene Schale von drei Orangen und drei Limetten

**Duftende Gartenmischung**
(feucht)
Je 2 Tassen: blaßrosa Rosen-Blumenblätter, Limettenblüten, weiße Fliederblüten
Je 1 Tasse: Pfeifenstrauchblüten, Maiglöckchenblüten, Zitronenstrauchblätter, Kamillenblüten, weiße Nelkenblüten, Myrtenblätter, Rosenpelargonienblätter
4 Tassen Meersalz
6 Tropfen Verbenaöl
4 Tropfen Maiglöckchenöl
30 g Benzoëharz

**Rosenmischung** (trocken)
8 Tassen rote Rosen-Blumenblätter
1 Eßlöffel gemahlene Gewürznelken
Je 2 Eßlöffel: gemahlenes Piment, Zimt, Iriswurzelpulver
4 Tropfen Rosenöl

**Waldmischung** (trocken)
4 Tassen Zedernästchen
2 Tassen zerkleinerte Zedernrinde
1 Tasse zerkleinertes Sandelholz
2 Eßlöffel Iriswurzelpulver
Je 4 Tropfen: Zedernholzöl, Sandelholzöl
Dekoration: Zedernzapfen, Kiefer

**Bauerngartenmischung**

**Frischduftende Mischung**

Lavendelmischung
Gewürzmischung
Duftende Gartenmischung
Rosenmischung
Waldmischung

# Blumenbilder

Zahlreiche Blüten und Blätter bewahren ihre Farbe und Zartheit weitgehend, wenn man sie preßt, und deshalb ist dies bei vielen Blumen, Gräsern und Laubarten sehr lohnend. So sehen Narzissen, Blausternchen, Schlüsselblumen und Schneeglöckchen gepreßt wunderschön aus, und ebenso hübsch sind viele Korbblüten wie kleinere Stengel von Purpurglöckchen, Vergißmeinnicht, Schleierkraut und Montbretien. Fleischige, sukkulente Pflanzen lassen sich dagegen im allgemeinen nicht gut pressen, und Blumen mit gefüllten Blüten, wie Rosen und Päonien, sehen gepreßt häßlich aus. Bei Trichterblüten, wie sie etwa Lilien und Tulpen haben, können übereinanderliegende Blütenblätter aber durchaus eine interessante Wirkung haben.

Am schönsten kommen gepreßte Pflanzen in zweidimensionalen Arrangements zur Geltung, die aufgeklebt und eingerahmt werden. Lassen Sie sich dabei vom Charakter des verwendeten Materials leiten, denn für die Gestaltung solcher Blumenbilder gibt es keine festen Regeln. Rufen Sie sich bei der Zusammenstellung der Pflanzen ihren natürlichen Wuchs ins Gedächtnis, oder lassen Sie sich von Stickmustertüchern und alten botanischen Stichen und Zeichnungen inspirieren. Als Untergrund für Ihr Bild sollten Sie einfarbigen, matten Zeichenkarton oder Farbtonpapier verwenden – Cremefarben oder nicht ganz reines Weiß eignet sich meist am

**Gepreßte Pflanzen arrangieren** (oben)
Das hier entstehende Bild ist unten fertig zu sehen. Es ist schlicht, wirkt aber dennoch edel.

**»Stickmustertuch«** (rechts)
In Gruppen arrangierte Stiefmütterchen, Hortensienblüten, Kerbelblüten und eine Anemone wurden hier mit Rosenblättern umrahmt.

**Schlichtes Arrangement**
Die Wirkung dieses Bildes entsteht durch die Färbungen und Strukturen der Blätter.

besten. Experimentieren Sie mit unterschiedlichen Pflanzenkombinationen. Und dann können Sie Ihr Bild auch mit kleinen Blättern und Blüten säumen. Sehr hübsch wirken hier Rosenlaub und Farnwedel oder die silbrigen Blätter von *Senecio bicolor* und kleinblättrige Efeutriebe. Achten Sie beim Arrangieren der Pflanzen darauf, daß sie nicht zu dicht am Rand liegen, weil sie sonst später durch den Rahmen verdeckt werden; ein breiter Rand ist immer die sicherste Lösung. Gefällt Ihnen Ihr Arrangement, nehmen Sie die Pflanzenmaterialien nacheinander auf und kleben sie fest. Setzen Sie dazu einen winzigen Klecks Gummiklebstoff (auf Latexbasis) auf die Rückseite von Blüte oder Blatt. Oder verwenden Sie einen klaren Sprühkleber, doch müssen Sie dann darauf achten, daß die Pflanzen sofort am richtigen Platz sitzen, da sie kaum noch einmal unbeschädigt aufgenommen werden können. Der Rahmen für dieses zweidimensionale Blumenbild sollte schlicht sein, damit er nicht von den zarten Blumen und Blättern ablenkt oder sie erdrückt.

# Geschenkideen

Trockenblumen sind nicht nur als Sträuße oder Gestecke gefragte Präsente, sie bieten sich auch an, um Geschenke zu schmücken oder duften zu lassen. Steckt man eine einzelne Rose und einen Farnwedel oder ein schlichtes kleines Sträußchen aus Lavendel und Mimosen an der Schleife eines Geschenkpäckchens fest, bekommt es dadurch eine besondere Note.

## Potpourris und Duftkugeln

Potpourris (s. Seite 160) lassen sich für eine Vielzahl von Geschenken verwenden. So können Sie kleine Baumwoll- oder Leinenkissen für Schubladen und Schränke mit ihnen füllen, oder auch große Sofa- und Kopfkissen. Bei einem Kopfkissen sollten Sie aber darauf achten, daß die gewählten Pflanzen nicht zu stark duften. Oder Sie füllen eine handgetöpferte Keramikschale mit Potpourri. Hier sollten die Farben der verwendeten Pflanzen möglichst die der Schale ergänzen. Dann wird das Gefäß in durchsichtige Folie gepackt und mit einer Schleife geschmückt. Ferner kann man Potpourri auf die moosverkleidete Steckunterlage eines Trockenarrangements streuen, um diesem zusätzlich Farbe und Duft zu verleihen.

Duftkugeln können aus Zitrusfrüchten angefertigt werden. Sie spicken dazu eine Orange, Zitrone oder Limette mit Gewürznelken. Zwischen den einzelnen Nelken bleibt etwa eine halbe Nelkenkopfbreite frei. Nachdem die Frucht dann getrocknet und geschrumpft ist, wird sie vollständig von den Nelken verdeckt sein. Bei Orangen lassen sich die Nelken meist recht leicht in die Schale drücken, bei Zitronen und Limetten müssen eventuell mit einer Nadel Löcher vorgestochen werden. Damit später ein Band um die Kugel geschlungen werden kann, an dem man sie aufhängt, bleibt in der Mitte der Frucht rundum ein Streifen frei. Die gespickte Frucht bestäuben Sie mit Iriswurzelpulver, dem Sie auch Muskatnuß oder Zimt zufügen können. Anschließend stecken Sie die Duftkugel in eine Papiertüte und lassen sie in einem kühlen, trockenen Schrank vollständig trocknen. Eine andere Idee ist, Metall- oder Keramikkugeln mit Potpourri zu füllen oder auch einen Deckelkorb mit Gewürzen und Iriswurzel oder Patschuliblättern.

## Duftkerzen und gepreßte Blumen

Duftkerzen lassen sich einfach herstellen, und komplette Sets zum Gießen von Kerzen bekommen Sie in Bastelgeschäften. Gewöhnlich gibt man dem Wachs als Duftstoff *Myrica cerifera* (Wachsmyrte) bei. Auch andere Myrica-Arten haben kleine, süßduftende Beeren, deren Wachsüberzug sich durch Kochen von den Beeren trennen läßt. Oder Sie mischen dem Kerzenwachs aus Blumen und Hölzern gewonnene Öle bei. Möchten Sie eine Kerze gießen, die duftet und dekorativ aussieht, legen Sie vor dem Gießen gepreßte Blüten und Blätter in die Form.

Ferner können Sie gepreßte Pflanzen auf festes Papier kleben, um Briefkarten und Bilder zu gestalten (s. Seite 162). Damit die zarten Blumen und Blätter dabei nicht beschädigt werden, dürfen Sie aber nur einen winzigen Klecks Gummiklebstoff (auf Latexbasis) daraufsetzen.

Paket mit einem Sträußchen aus Lavendel und Mimosen

Kopfkissen mit Hopfenfüllung

Glasgefäß mit geschichtetem Potpourri

Verzierte Duftkerzen

Kunftstoffschachtel, mit Potpourri gefüllt und gepreßten Stiefmütterchen dekoriert

Süßduftendes
Trockenarrangement
Keramikschale
mit Potpourri
Grußkarten
mit gepreßten Blumen
und Blättern
Orangen-Duftkugel
Päckchen, mit einer Rose
und Farn geschmückt
Säckchen mit Potpourri
Duftkissen für Kleiderschrank
und Wäscheschublade
Körbchen mit Gewürzen

# Miniatur-Arrangements

Trockenblumen eignen sich ausgezeichnet für winzigkleine Arrangements, da hier die Blüten optimal zur Geltung kommen. Eine große Blüte oder ein Fruchtstand etwa von einer Protea, Artischocke oder Distel und auch einzelne Tannenzapfen können in einem kleinen Gefäß wunderschön aussehen, dennoch sind Kompositionen aus gleichen oder verschiedenen Pflanzen meist am wirkungsvollsten. Arrangieren Sie einmal einige Weizenhalme und Strohblumen oder Kornblumen und Gänseblümchen in einem moosgefüllten, flachen Körbchen, einem kleinen Krug oder einer zierlichen Vase. Ein solches Arrangement können Sie beispielsweise auf einen Nachttisch stellen. Oder Sie setzen eine ganze Sammlung von Miniatur-Arrangements auf ein Bord oder einen Beistelltisch. Ihrer Phantasie sind hierbei keine Grenzen gesetzt. Vielleicht möchten Sie auch auf einem kleinen moosbedeckten Teller ein Gärtchen anlegen oder Blüten in eine Schale mit Kieselsteinen stekken? Diese Arrangements und Kompositionen sind ein wenig komplizierter, doch bereiten sie große Freude, und wenn sie erst einmal fertig sind, weiß man, daß sich die Mühe gelohnt hat.

**Ineinandergesetzte Körbe**
Mit leuchtenden Blüten gefüllte Körbchen können einzeln aufgestellt oder – wie hier – zusammen in einen größeren Korb gesetzt werden. In diesem Fall wurde ein geflochtenes Tablett verwendet, in dem zwei längliche Körbchen stehen. Einer ist mit blauem Rittersporn gefüllt, der andere mit einer Mischung aus hellorangem Meerlavendel und blaßgrünem Hafer.

**Arrangement in gedämpften Tönen**
Dieser winzige Korb bildet einen schönen Kontrast zu den bunteren Arrangements. Er ist mit Moos gefüllt, in dem Leucadendron-Zapfen und grünes Glanzgras stecken.

**Rote Rosen in Heu**
Leuchtendrote 'Mercedes'-Rosen wurden hier in heugeschmückter Steckmasse arrangiert. Zwischen den Rosen stecken kleine Heubüschel und Wiesengräser.

**Rosa Rosen mit silbrigem Laub**
Die in eine moosverkleidete Unterlage gesteckten leuchtendrosa ‘Mullard Jubilee‘-Rosen bilden einen schönen Kontrast zu dem silbrigen Helichrysumlaub.

**Rot, Grün und Silber**
Die erdbeerähnlichen Blüten von *Leptospermum* sp. sitzen zwischen Rosenblättern, die in einer unter Moos versteckten Unterlage arrangiert wurden.

**Leuchtende Komposition**
In diesem Körbchen ragen Edeldisteln und blaue Kornblumen über ein Bett aus rosafarbenen Sonnenflügeln hinaus.

**Geflochtenes Tablett mit Blumenschmuck**
Hier wurde ein Körbchen mit rosa Strohblumen und einer Moosunterlage neben ein zweites mit Papierknöpfchen und Schleierkraut gesetzt. Ein drittes – beim Griff des Tabletts – ist mit Meerlavendel und Strohblumen gefüllt.

**Rosen und Zittergras**
In diesem Silberkännchen stehen 'Gerda'-Rosen und etwas Zittergras.

**Artischockenblüte**
Eigentlich scheint die blauglasierte, zwiebelförmige Vase für eine Artischockenblüte zu klein – doch diese Zusammenstellung wirkt sehr harmonisch.

**Komposition in Silber**
Eine einzelne Silberdistel und einige Stachysblüten lassen in diesem Silberbecher ein effektvolles Arrangement entstehen.

**Zitronengelbe Strohblumen**
In dieser kleinen Silberschale stehen dichtgedrängt Strohblumen.

**Exotische Zusammenstellung**
In dieser Teebüchse wurden Blüten der *Craspedia globosa* und gelbe Känguruhblumen arrangiert. Die Kupferfarbe des Gefäßes und das Goldgelb der Blumen sorgen für einen lebendigen Kontrast.

**Rosa Strohblumen**
Hellrosa Strohblumen wogen hier in dem blauen Glaseinsatz eines Salznäpfchens – ein schlichtes, aber überaus wirkungsvolles Arrangement.

**Schillernde Vase**
In dieser schillernden, sechseckigen Vase hat ein schlichtes Sträußchen aus kleinen Mohnkapseln und Schleierkraut Platz gefunden.

# TROCKENVERFAHREN UND NÜTZLICHE TIPS UND TRICKS

Auf den folgenden Seiten finden Sie eine genaue Beschreibung der verschiedenen Methoden, mit denen Blumen und anderes Pflanzenmaterial getrocknet werden können. Darüber hinaus wird gezeigt, wie man beschädigte Stengel repariert oder Pflanzen verändert, indem man ihnen beispielsweise eine neue Farbe und Form gibt oder ihre Blätter skelettiert. Außerdem finden Sie Informationen, wie Trockenblumen am besten gelagert werden, und eine Übersicht am Ende des Kapitels hilft Ihnen, die geeignetsten Pflanzen für Ihre Trockenarrangements auszuwählen.

# Trocknen an der Luft

Unter den vier Grundtechniken, die dazu dienen, Pflanzen haltbar zu machen, ist die Lufttrocknung die einfachste und am häufigsten angewandte Methode. Sie benötigen hier nichts weiter als einen gut gelüfteten, trockenen und kühlen Raum (nicht unter 10° Celsius). Geeignet ist beispielsweise ein ungenutztes Zimmer, ein Dachboden, eine Garage oder ein Schuppen. Die Pflanzen werden zum Trocknen – je nach Art – flach ausgelegt, aufrecht in eine Vase gestellt oder einfach in Sträußen kopfüber aufgehängt. Letztere Methode wird bei der Mehrzahl der Blumen angewandt (s. Seite 173). In jedem Fall muß die Luft gut um Blüten, Blätter und Samenstände zirkulieren können. Vor allem das Laub enthält viel Feuchtigkeit, und wenn mehrere Stengel dicht zusammenstehen, können die Blätter faulen, bevor sie getrocknet sind.

**GEEIGNETE PFLANZEN**

**Flach trocknen**
- Lavendel
- Bambusgras
- Ampfer
- Alle Gräser
- Herkuleskraut

**Aufrecht trocknen**
- Stachelähre
- Eukalyptus
- Meerlavendel
- Gänsefuß
- Mimose
- Rittersporn-Hybriden
- Schleierkraut
- Hortensie

**In Schachteln trocknen**
- Sphagnum
- Grimmia-Moos
- Islandmoos
- Mooskraut

**Auf Gittern trocknen**
- Artischocke
- Mais
- Lauch-Fruchtstände
- Silberdistel
- Protea
- Lotosfrüchte

**Flach trocknen**

Die meisten Gräser, Bambus-Arten, Pilze und Zweige trocknen gut, wenn man sie flach auslegt. Blätter schrumpeln bei diesem Verfahren zwar, aber sie bewahren ihre Farbe und natürliche Wuchsform, was nicht der Fall ist, wenn man die Pflanzen hängend trocknet. Das Pflanzenmaterial wird auf einer saugfähigen Unterlage ausgebreitet – gut eignen sich Pappkarton, Zeitungspapier. Fliesen oder Steinflächen müssen ordentlich mit Pappe oder Papier abgedeckt werden. Verteilen Sie die Pflanzen gut, damit zwischen Stengeln und Blättern Luft zirkulieren kann.

**Aufrecht trocknen**

Will man Pflanzen aufrecht an der Luft trocknen, bieten sich zwei Methoden an. Hohe Gräser und Samenstände, wie beispielsweise Pampasgras, Ampfer, Rohrkolben, Lauch-Fruchtstände, Meerlavendel und Gänsefuß trocknen gut, wenn man sie ohne Wasser in eine Vase stellt (rechts), Blumen wie Hortensien, Mimosen, Rittersporn-Hybriden, Schleierkraut und Lachenalien trocknen dagegen besser, wenn sich etwa 5 cm Wasser in der Vase befindet. Die Pflanzen nehmen dieses Wasser teilweise auf, der Rest verdunstet nach und nach.

**An einem Stab trocknen**
Kletterpflanzen mit dekorativen Fruchtständen, wie Hopfen und Clematis, trocknen rasch, wenn man sie – solange sie noch saftig sind – schneidet und um einen aufgehängten Bambusstab windet.

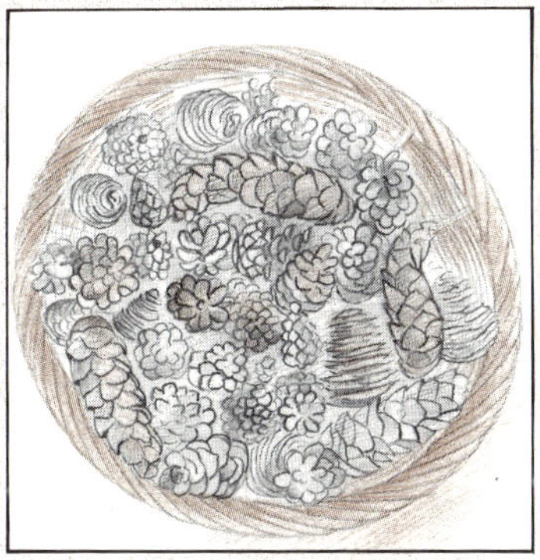

**Zapfen in einer Kiste**
Zapfen beginnen schon am Baum zu trocknen. Sie können schöngeformte Zapfen vom Waldboden aufsammeln oder im Garten von den Bäumen abpflücken. Dann werden sie einfach einige Tage bei Raumtemperatur in einer Kiste oder auf einem großen Teller liegen gelassen, bis sie auch zwischen den Schuppen völlig trocken sind.

**Moos in einer Schachtel**
Moose lassen sich alle problemlos trocknen. Die Stücke werden einfach nebeneinander auf zerknülltem Zeitungspapier in eine Schachtel oder auf ein Tablett gelegt. Das Moos darf nicht zu dicht liegen, da es andernfalls fault. Zu den schönsten Moosen gehört das Grimmia-Moos, das zarte grüne Polster bildet. Auch silbriges Islandmoos sieht sehr hübsch aus, und Sphagnum, das getrocknet eine beigegrüne Farbe hat, eignet sich ideal als Unterlage zum Stecken (s. Seite 69).

**Schwere Früchte und Blüten**
Große Früchte und Blüten trocknet man am besten einzeln auf einem Drahtgitter. Befestigen Sie dazu ein Stück Kükendraht waagrecht, in dessen Maschen die Stengel eingesetzt werden. Sie müssen das Drahtgeflecht aber so hoch anbringen, daß selbst lange Stengel frei hängen. Diese Methode eignet sich sehr gut, um Artischocken, große Proteablüten und Maiskolben zu trocknen. Bei Maiskolben sollte man die Hüllblätter zum Trocknen nicht entfernen.

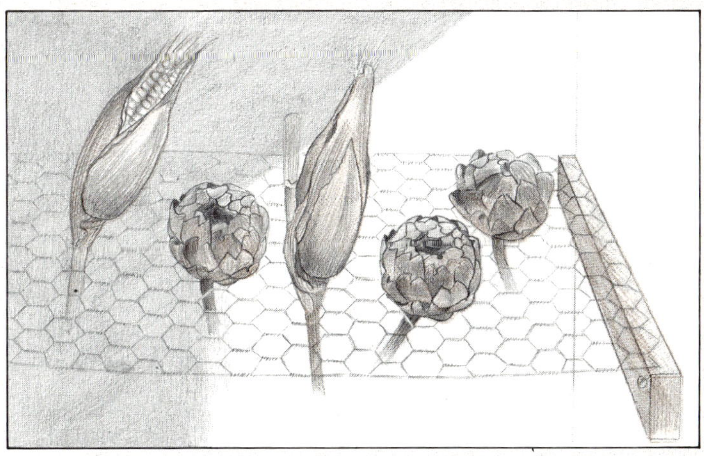

**Gräser und Rohrkolben haltbar machen**
Bei einigen Gräsern, insbesondere bei Pampasgras und auch Rohrkolben, brechen die Samenstände während des Trocknens auseinander, wenn man sie nicht behandelt. Diese Pflanzen werden geerntet, ehe sie vollkommen reif sind, und großzügig mit Haarspray oder einem anderen Fixiermittel besprüht. Diese Behandlung muß sorgfältig erfolgen, da die Samenstände andernfalls rasch zerfallen.

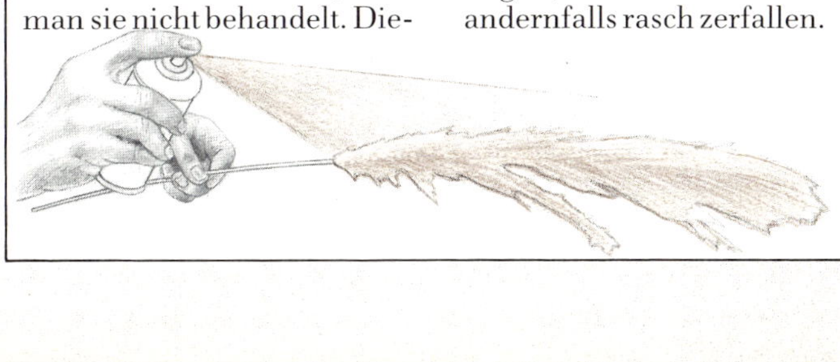

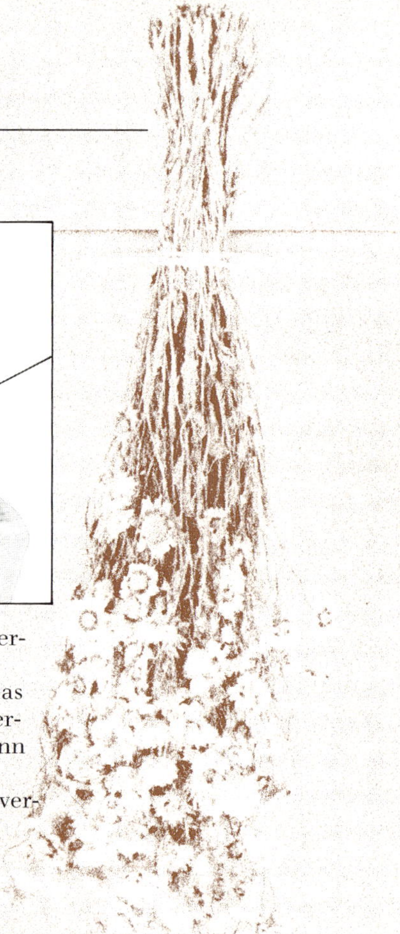

## Blüten zum Trocknen andrahten – erste Methode

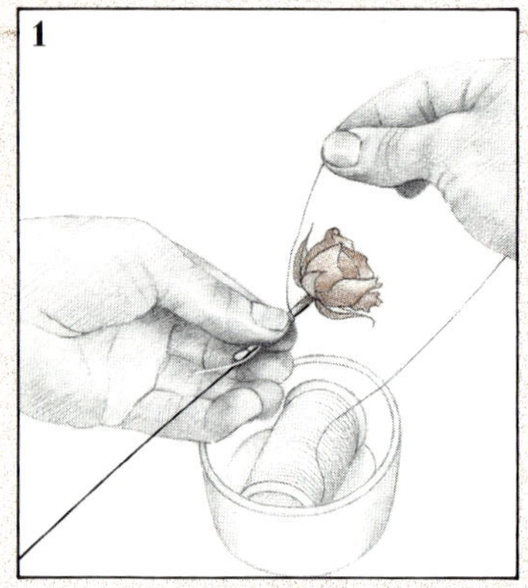


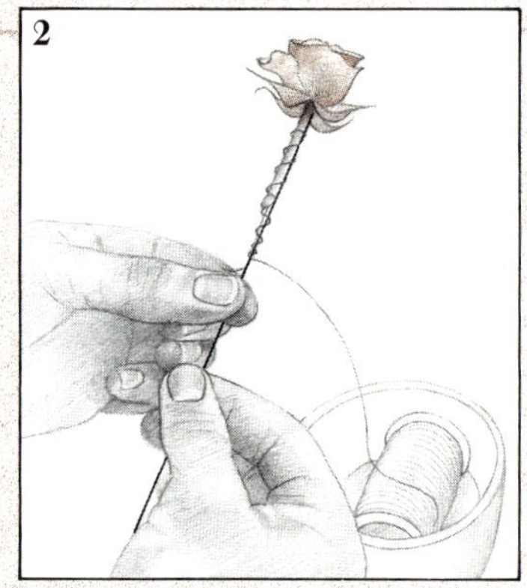


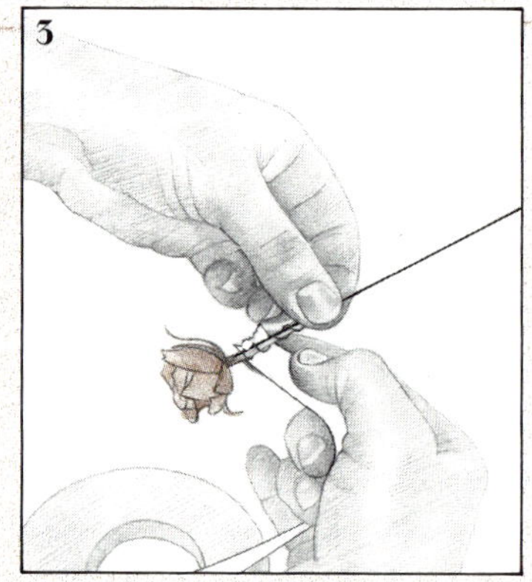


**1** Frische Blumen mit sehr kurzen Stielen, wie beispielsweise Multiflora-Rosen, sollten vor dem Trocknen angedrahtet werden. Einen mittelstarken Blumendraht an den Stiel halten und einen dünnen Bindedraht ansetzen.

**2** Den Bindedraht – oben beginnend – sorgfältig und fest um den Blütenstiel und Blumendraht wickeln. Ein Stück unterhalb des Stielendes aufhören, dann den Bindedraht abknipsen und befestigen.

**3** Anschließend wird der verlängerte Stiel sauber mit Blumenband umwickelt. Das Band sollte man direkt unterhalb der Blüte ansetzen, dann straffziehen und den Stiel drehen, bis er vollkommen verkleidet ist.

## Blüten zum Trocknen andrahten – zweite Methode

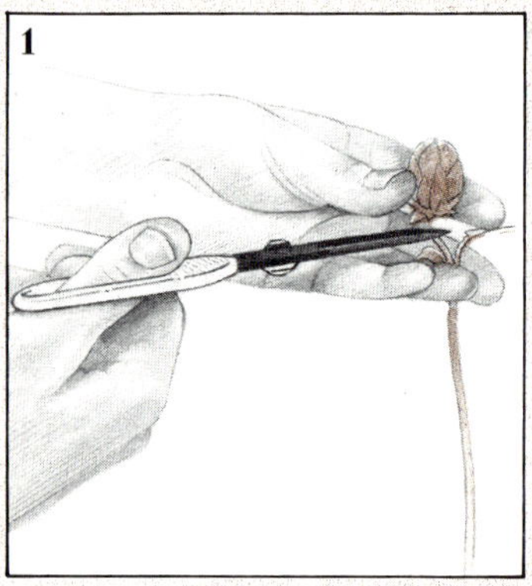


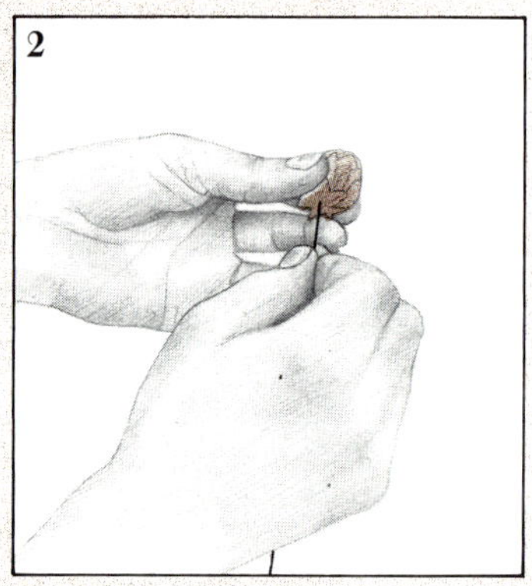


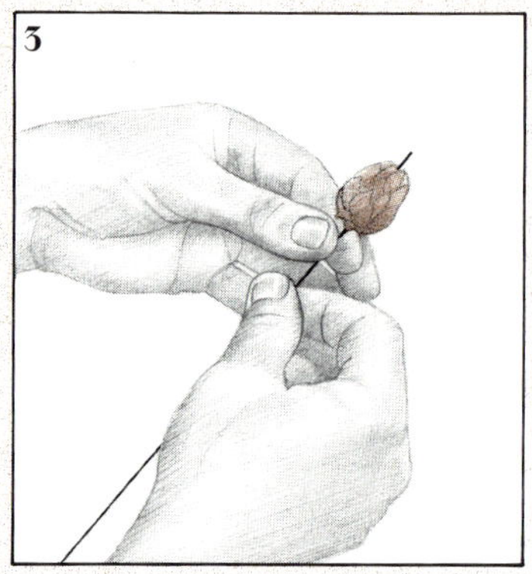


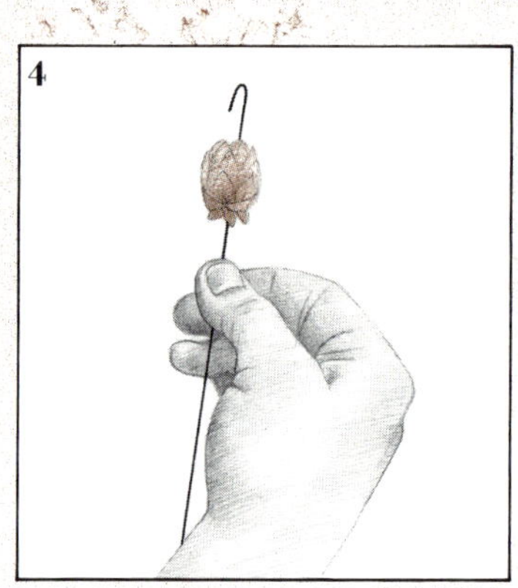


**1** Für einige Blumen, insbesondere Strohblumen, eignet sich eine andere Methode besser. Die Blüte vorsichtig in eine Hand nehmen und den Stiel möglichst kurz abschneiden.

**2** Einen Blumendraht mittlerer Stärke von unten durch die Blütenmitte schieben. Der Draht sollte genau am Stielansatz in den Blütenboden gedrückt werden.

**3** Den Draht durch die Blüte schieben, bis er oben etwa 5 cm hinaussteht. Dabei sollte man behutsam vorgehen und darauf achten, daß die Blütenblätter nicht beschädigt werden.

**4** Den Draht oben 2,5 cm umbiegen und den entstandenen Haken zurückziehen. Das offene Ende des »U« unter der Blüte zusammenbiegen, damit der Draht fest sitzt.

## Sträußchen aus angedrahteten Blüten

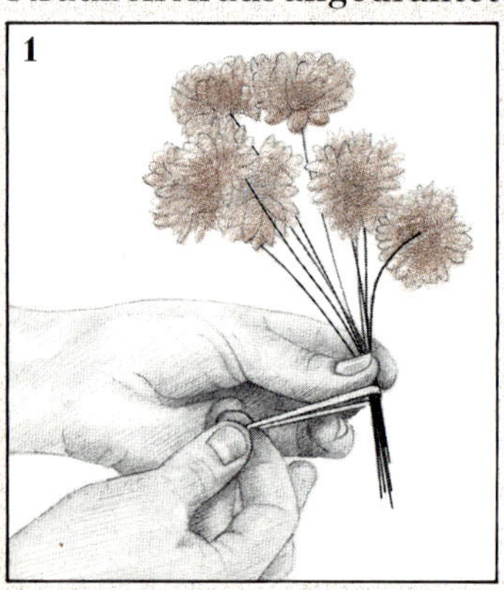

**1** Angedrahtete frische Blüten können problemlos zum Trocknen aufgehängt werden. Dazu macht man Sträußchen aus etwa zehn Blüten und bindet die Stengel mit einem Gummiring zusammen.

**2** Dann die Drahtstiele auseinanderbiegen, damit sich die Blüten nicht berühren. Die Sträußchen mit den Köpfchen nach unten zum Trocknen aufhängen.

**GEEIGNETE PFLANZEN**
- Rose
- Gartenstrohblume
- Rittersporn
- Meerlavendel
- Garbe
- Sonnenflügel
- Lampionblume
- Goldrute
- Mimose
- Zylinderputzer

**Sträuße trocknen**

Will man Sträuße an der Luft trocknen, ist es am einfachsten und praktischsten, wenn man sie mit den Köpfen nach unten aufhängt. Dazu am vorgesehenen Trockenplatz – ein Wäscheschrank eignet sich beispielsweise gut – eine Anzahl von Stäben oder Spanndrähten anbringen. An ihnen werden die Sträuße – im Abstand von etwa 25 cm – aufgehängt. Stäbe oder Drähte mindestens 15 cm unterhalb der Decke befestigen, damit auch die Stengelenden genügend Platz haben. Die Sträuße werden entweder in der Mitte auseinandergezogen und auf die Halterung gesetzt oder mit Schnur oder Bast daran festgebunden.

**Frische Blumen zu Sträußen binden**

**1** Zum Lufttrocknen ausschließlich schöne, kräftige Exemplare wählen und diese schneiden, wenn sich die Blüten (wie die oben gezeigte Rose) gerade geöffnet haben – nicht später.

**2** Die unteren Blätter sowie alle Dornen und beschädigten Pflanzenteile von den Stengeln entfernen, damit diese an der Bindestelle vollkommen kahl sind. Blätter würden hier faulen.

**3** Einen Strauß aus etwa fünf Blüten zusammenstellen und diese dabei staffeln. Die kahlen Stengel unten mit einer Schnur oder mit Bast zusammenbinden. Die Blumen auseinanderziehen, damit die Blüten und Blätter sich nicht berühren und die Luft während des Trockenvorgangs gut zwischen Blüten und Blättern zirkulieren kann. Wenn sie zu dicht stehen, besteht die Gefahr, daß sie faulen.

# Glyzerin

Wenngleich auch einige Blumen, wie Hortensien, Heidekraut und Muschelblumen, mit Glyzerin haltbar gemacht werden können, so eignet sich diese Methode doch am besten für Blätter. Ihr großer Vorteil ist, daß die Pflanzen auch nach der Behandlung noch biegsam sind, allerdings verändern sie ihre Farbe verhältnismäßig stark – gewöhnlich werden sie sehr blaß oder hellbraun. Bei diesem Verfahren stellt man die Pflanzen in eine Lösung aus Glyzerin und Wasser, die sie aufnehmen. Und während das Wasser allmählich verdunstet, bleibt das Glyzerin in den Pflanzen zurück.

Zur Vorbereitung streift man die unteren Blätter von den Stengeln ab und schneidet die Stengelenden schräg an, damit sie die Lösung leichter aufnehmen können. Verholzte Stengel müssen darüber hinaus eingeschnitten und geklopft werden. Stellen Sie die Pflanzen anschließend einige Stunden in Wasser, damit sie sich erholen und wieder Wasser aufnehmen. Dann mischen Sie vier Teile Glyzerin mit sechs Teilen sehr heißem Wasser und füllen ein Gefäß etwa 8 bis 10 cm hoch mit dieser Lösung. Hier werden nun die Blumen hineingestellt. Bei krautigen Stengeln muß man darauf achten, daß die Pflanzen in der Vase einen guten Halt haben. Um die Glyzerinmischung aufzunehmen, werden sie an einen kühlen, dunklen Platz gestellt. Je nach Beschaffenheit der Pflanzen dauert dieser Prozeß unterschiedlich lang, doch sollte man ab dem sechsten Tag den Verlauf der Konservierung überwachen.

**GEEIGNETE PFLANZEN**

- Rotbuche
- Eukalyptuslaub
- Sumpfeichenlaub
- Lorbeer
- Ölweide
- Hortensie
- Muschelblume
- Efeu
- Magnolienlaub
- Schusterpalme
- Orangenblumenlaub
- Mahonienlaub
- *Senecio greyi*
- *Phlomis fruticosa*

**Laub haltbar machen**

**1** Große einzelne Blätter oder Zweige in eine Mischung aus gleichen Teilen Glyzerin und Wasser legen, bis sie sich vollständig verfärbt haben.

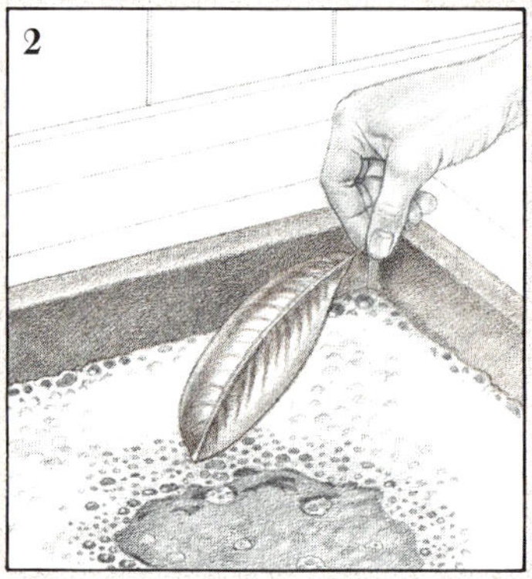

**2** Dann die Pflanzen aus der Lösung nehmen, in Wasser mit etwas Geschirrspülmittel waschen und zum Trocknen flach auf Zeitungspapier legen. Mit Glyzerin behandelte Blätter bleiben geschmeidig und bewahren ihr charakteristisches Aussehen.

**Stengel haltbar machen**

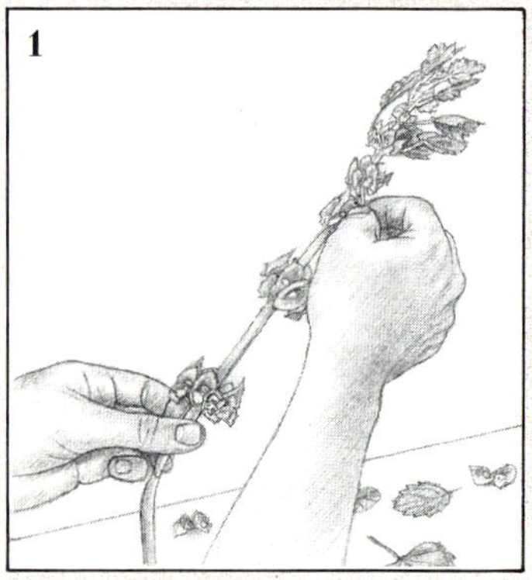

**1** Bei Pflanzen wie Muschelblumen auf den unteren zehn Zentimetern der Stengel Blätter und Brakteen entfernen.

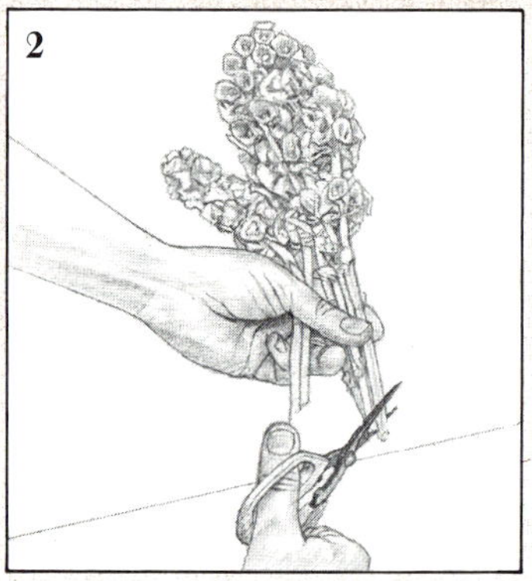

**2** Ein Sträußchen binden und die Stengelenden der Blumen mit der Schere schräg anschneiden.

**3** Nun die Blumen in ein Gefäß stellen und in dieses etwa 8 cm hoch Glyzerinlösung einfüllen.

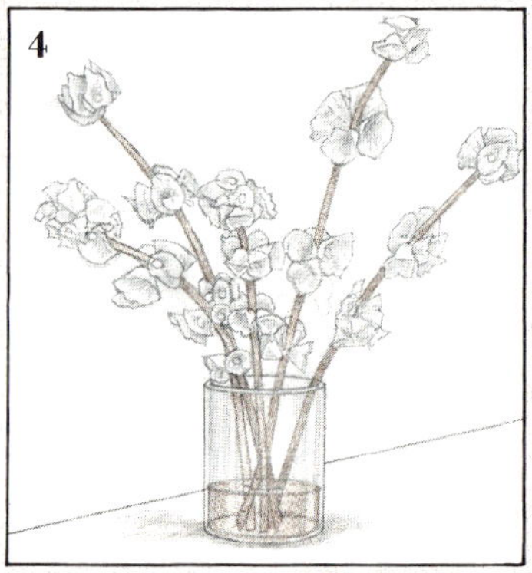

**4** Das Gefäß für zehn Tage kühl und dunkel stellen. Ab dem siebenten Tag werden sich die Pflanzen verfärben.

# Trockenmittel

Trockenmittel, wie Silikagel, Borax und Sand oder eine Mischung dieser Substanzen, verwendet man, um Blumen und Blättern das in ihnen enthaltene Wasser zu entziehen. Auf diese Weise getrocknete Pflanzen verändern kaum ihre Farbe und wirken beinahe wie frisch.

## Trocknen mit Silikagel

Silikagel trocknet Pflanzen schnell und kann immer wieder verwendet werden. Sie bekommen es in Chemikalienhandlungen und Drogerien in kristalliner Form (oder »Perlen«-Form) und unterschiedlichen Körnungen. Die Kristalle sind entweder weiß oder enthalten einen Farbindikator. Silikagel mit Farbindikator ist hellblau, doch färbt es sich rosa, wenn es Feuchtigkeit aufgenommen hat. Große Kristalle müssen gegebenenfalls vor der Verwendung im Mörser zerstoßen werden, damit sich das Pflanzenmaterial gut darin einbetten läßt.

Sie füllen zunächst in einen luftdicht verschließbaren Behälter (wie beispielsweise eine Keksdose oder ein Einmachglas) ungefähr 1 cm hoch Silikagel ein und legen die angedrahteten Blüten oder Blätter darauf. Dann geben Sie weiteres Silikagel dazu und bürsten es mit einem feinen Pinsel zwischen die Blumenblätter. Zum Schluß bedecken Sie Blüten und Blätter vollkommen. Sie verschließen den Behälter nun fest. Nach zwei Tagen wird der Trocknungsverlauf überprüft. Die Pflanzen sollen sich fest anfühlen. Wurde Silikagel mit Farbindikator verwendet, müßte es sich verfärbt haben. Sobald die Pflanzen trocken sind, nimmt man sie aus dem Behälter, da sie andernfalls spröde und brüchig werden. Um das Silikagel wieder verwenden zu können, füllt man es in eine flache Schale und trocknet es im warmen Backofen. Anschließend bewahrt man es in einem luftdichten Behälter auf.

### Trocknen in der Keksdose

1 Den Boden einer dichtschließenden Keksdose gut 1 cm hoch mit feinem hellblauem Silikagel bedecken. Es muß vollkommen trocken sein.

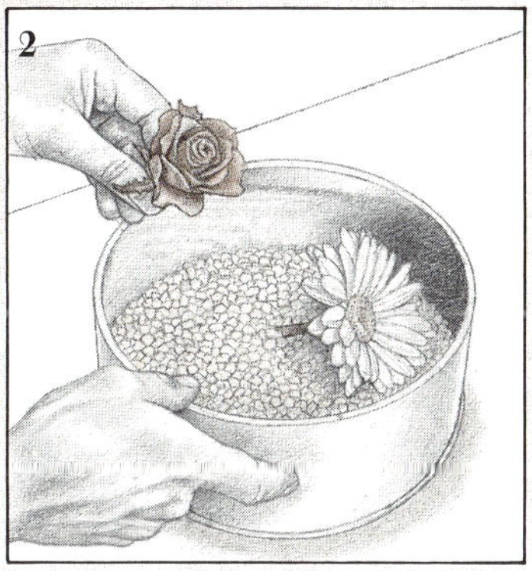

2 Nun kurzstielige oder bereits angedrahtete Blüten so auf das Silikagel legen, daß sie vollkommen eingebettet werden können.

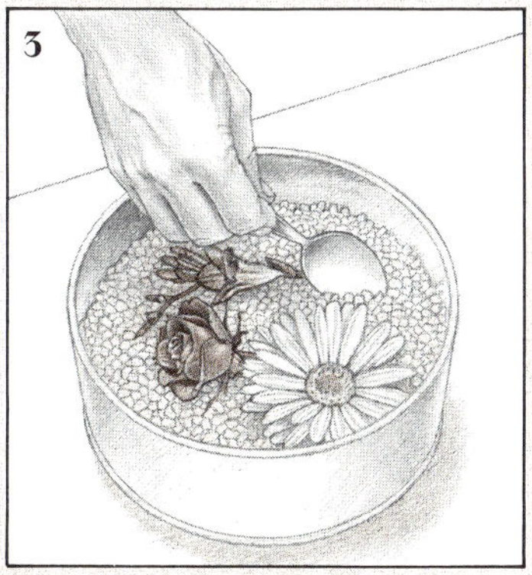

3 Die Kristalle mit Hilfe eines Löffels zwischen die Blütenblätter schieben und dann die Blüten ganz bedecken. Sie dürfen dabei aber keine unnatürliche Form bekommen.

4 Sind die Blumen sorgfältig eingebettet, wird die Dose sofort verschlossen und mit Klebeband abgedichtet, sodann an einen trockenen Platz gestellt.

## Trocknen mit Borax, Alaun und Quarzsand

Borax und Alaun sind Pulver, die eine noch bessere Trockenwirkung haben, wenn man sie im Verhältnis 2 zu 3 mit feinem, weißem Quarzsand mischt. Das Trockenverfahren entspricht dem mit Silikagel, doch wartet man hier wenigstens zehn Tage, bevor man zum erstenmal überprüft, ob die Pflanzen trocken sind. Zur Wiederverwendung wird die Mischung bei schwacher Hitze im Backofen getrocknet.

**GEEIGNETE PFLANZEN**

- Rose
- Päonie
- Zinnie
- Rittersporn
- Kleinblütige Dahlien
- Freesie
- Enzian
- Nieswurz
- Lilie
- Narzisse
- Hahnenfuß
- Anemone
- Gerbera
- Camellia
- Orchidee

**Überprüfen des Trocknungsprozesses**
Nach etwa zwei Tagen sollten die Pflanzen vollkommen getrocknet sein.

# Pressen

Eine einfache Methode des Trocknens ist das Pressen, durch das die Pflanzen zwar flach werden, doch bleiben ihre natürlichen Farben ausgesprochen gut erhalten. Die schönsten Resultate erzielt man mit einer selbstgebauten oder gekauften Blumenpresse, doch kann man die Pflanzen auch einfach unter den Teppich legen oder in Büchern pressen.

Zum Bau einer Blumenpresse benötigt man zwei schwere Bretter, vorzugsweise aus Hartholz; dickes Sperrholz eignet sich aber auch. Bohren Sie in die Ecken beider Bretter übereinanderliegende Löcher, durch die Sie vier Schrauben stecken, welche mit Flügelmuttern gespannt werden. Sie können die Presse jedoch auch mit Bändern oder dicker Nylonschnur zusammenbinden. Blüten und Blätter werden zum Pressen zwischen Löschpapier (oder anderes saugfähiges Papier) gelegt und dieses wiederum zwischen dicke Pappe. Durch die Pappe wird verhindert, daß die Umrisse der Pflanzen einer Schicht Abdrücke in der nächsten hinterlassen.

Schneiden Sie Pflanzenmaterial, das gepreßt werden soll, nur an trockenen Tagen, und legen Sie es sofort in die Blumenpresse. Auf Pflanzen mit fleischigen Blättern, wie Sedum oder andere Sukkulenten, sollten Sie aber verzichten, und ebenso auf Blüten, die sehr voluminös sind, da sie beim Pressen ihre Form weitgehend verlieren. Die bei vielen Blüten aus der Mitte herausstehenden Staubgefäße kann man mit den Fingern vorsichtig flachdrücken oder aber emporstehen lassen, während man die Blumenblätter preßt. Dazu wird in Löschpapier und Pappe ein Loch in Größe der Staubgefäße geschnitten, so daß diese nicht mitgepreßt werden. Bei sehr dicken Blütenmitten können Sie statt der Pappe ein flaches Stück Steckmasse als Zwischenlage verwenden (siehe gegenüberliegende Seite). Wieviel Zeit zum Trocknen erforderlich ist, hängt von der Beschaffenheit des Pflanzenmaterials ab, doch sollte man nach etwa zehn Tagen den Stand des Trocknungsprozesses kontrollieren.

**GEEIGNETE PFLANZEN**

- Stiefmütterchen
- *Hydrangea macrophylla* var. normalis
- Lilie
- Freesie
- Anemone
- Nieswurz
- Tabak
- Farne und die meisten Laubarten
- Funkie
- Margerite
- Primel
- Schneeglöckchen
- Knöterich
- Clematis

**Traditionelle Blumenpresse**

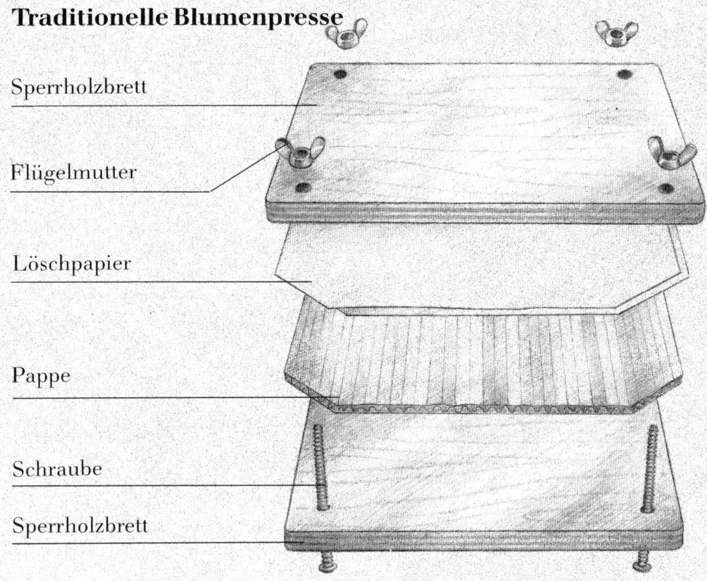


**Selbstgebaute Presse**

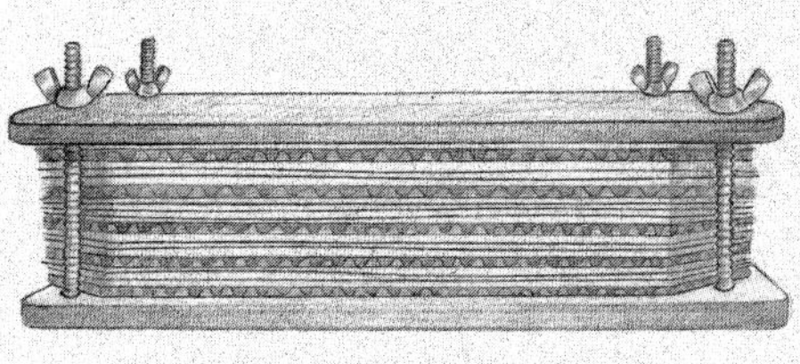

Eine Blumenpresse kann man in Bastelgeschäften und Warenhäusern kaufen oder selber bauen. Die beiden Außenteile der Presse bilden zwei dicke Sperrholzstücke, die an den Ecken durch vier Schrauben und Flügelmuttern verbunden werden. Zwischen das Sperrholz kann man sieben oder acht Lagen Pappe und Löschpapier legen. Auf diese Weise lassen sich viele Blüten und Blätter gleichzeitig pressen.

**Eine einfache Blumenpresse benutzen**

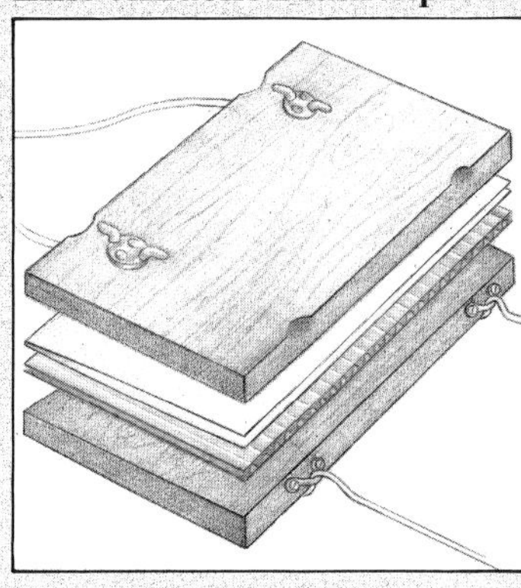

Diese Presse wird durch zwei Stücke Nylonschnur zusammengehalten, die man an Klampen auf dem oberen Brett befestigt.

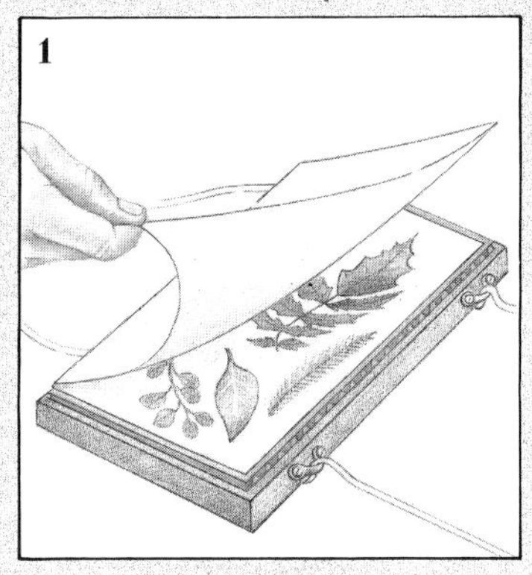

**1** Das untere Brett mit einem Stück Pappe abdecken und die Pflanzen in einen gefalteten Bogen Löschpapier legen.

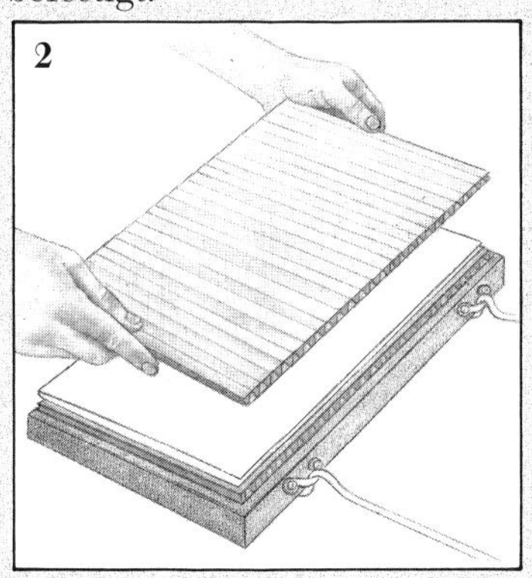

**2** Auf das Löschpapier kommt wiederum ein Stück Pappe und darauf ein zweites, in das Pflanzen gelegt werden.

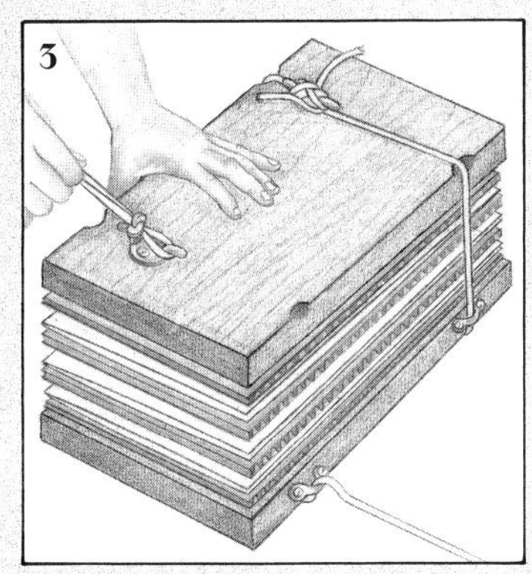

**3** In ein Ende jeder Nylonschnur eine Schlaufe machen und an den Klampen einhängen. Beide Schnüre festzurren.

### Blüten mit dicken Staubgefäßen

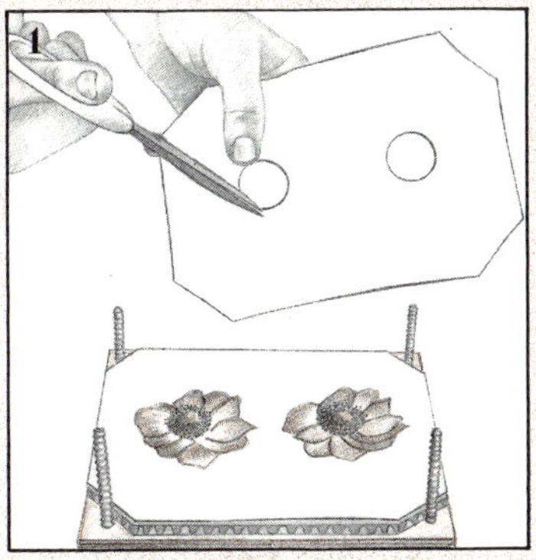

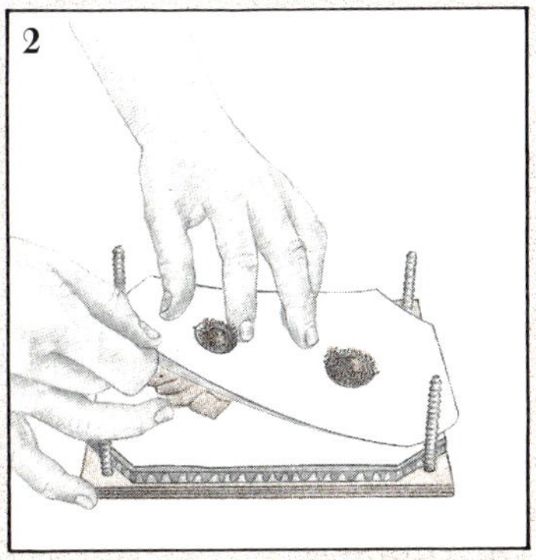

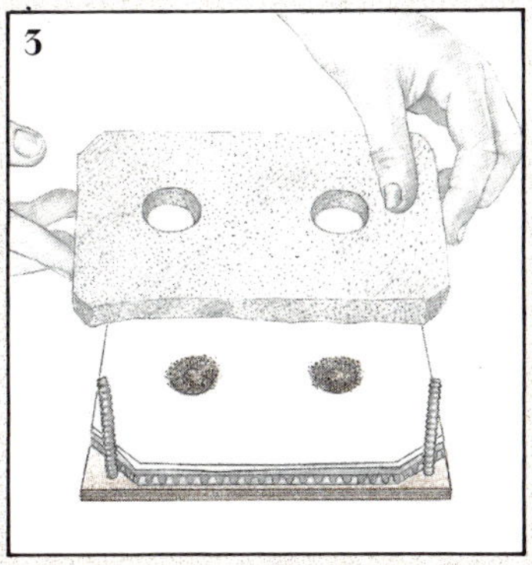

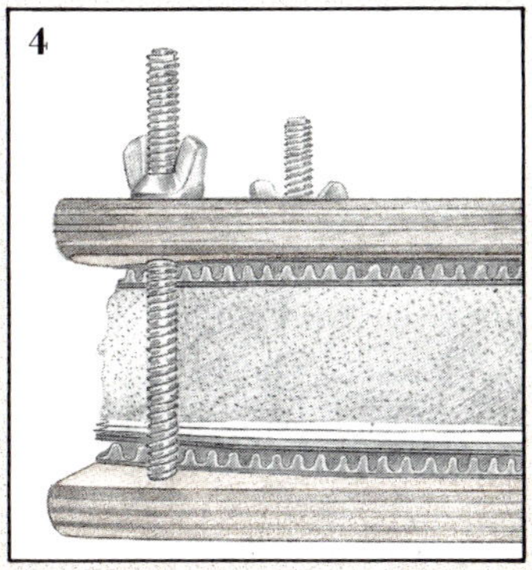

**1** Für Blüten mit dicken Staubgefäßen schneidet man in das Löschpapier ein Loch in Größe der Blütenmitte.

**2** Das Löschpapier so auf die Blüte legen, daß nur die Staubgefäße aus dem Loch herausschauen.

**3** Auch in eine Platte aus Steckmasse, deren Dicke den Staubgefäßen entspricht, ein Loch schneiden. Die Platte auf das Löschpapier legen.

**4** Die Steckmasse mit Pappe abdecken, dann wie beschrieben weitere Schichten darauflegen, bis die Presse voll ist.

### Pflanzen unter dem Teppich pressen

Größeres Laub – etwa von Eichen, Ahorn, Rotbuche und auch Farnen – läßt sich gut unter einem Teppich pressen (links). Die Blätter werden zwischen Zeitungspapier gelegt und an einer Stelle unter den Teppich geschoben, über die man möglichst wenig laufen sollte. Kleinere Blumen, wie Stiefmütterchen, und einzelne Blätter können Sie zwischen Lösch- oder Zeitungspapier in einem Buch pressen (rechts). Zum Beschweren ein weiteres Buch darauflegen.

### Pflanzen in einem Buch pressen

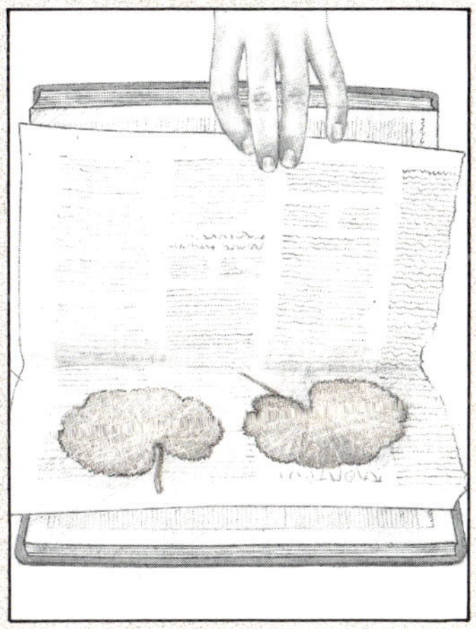

**Gepreßte Pflanzen**
Die unten gezeigten Pflanzen wurden alle gepreßt. Zu ihnen gehören Stiefmütterchen, Ziest, Funkie, Nieswurz, Hortensie, Frauenmantel, Wurmfarn, Kreuzkraut und Mahonie.

# Stengel reparieren und Pflanzen verändern

Getrocknete Pflanzen sind oft recht empfindlich und brechen daher leicht, doch läßt sich der Schaden in vielen Fällen wieder beheben. Wo beispielsweise ein Blütenstiel abbricht, kann er – sofern noch ein kleines Stück vorhanden ist – durch einen künstlichen Stengel ersetzt werden. Dazu bindet man an dem verbliebenen Stumpf Draht, einen Ersatzstiel oder ein Stöckchen fest und umwickelt alles mit Blumenband. Mohnkapseln, Lauch-Samenstände, Rittersporn, Garben, Lampionblumen, Färberdisteln, Dahlien und fast alle Gräser besitzen hohle Stengel, die sich – wenn sie abbrechen – durch Hineinschieben eines Blumendrahts leicht reparieren lassen. Man steckt den Draht in beide Teile des Stengels und schiebt diese dann – wie rechts gezeigt – ganz dicht zusammen, so daß die Ansatzstelle fast nicht mehr zu sehen ist. Auf ähnliche Weise kann man hohle Stengel gegebenenfalls auch verlängern. Hier wird ein Stück Blumendraht der erforderlichen Länge in den Stengel gesteckt und alles mit Blumenband umwickelt (s. auch Seite 65).

## Pflanzen verändern

Bei manchen Pflanzen können Sie auch Form und Farbe verändern, damit sie in den Arrangements noch besser zur Geltung kommen. Beim Silberblatt läßt sich beispielsweise die äußere Haut der rötlichgrünen Samenschoten entfernen, wodurch die perlmuttfarbenen Scheidewände sichtbar werden. Beide Formen zusammen in einem Arrangement verwendet sehen wunderschön aus. Bei Maiskolben sollten Sie die Hüllblätter einmal nicht abziehen, denn mitunter färben sie sich später in hübsches Rosabeige. Und die Blütenkelche der Lampionblume kann man aufschneiden und zu »Blumenblättern« auseinanderbiegen. Die Kelche dürfen aber nicht zu trocken sein, weil sie sonst brechen.

**Stengel reparieren**

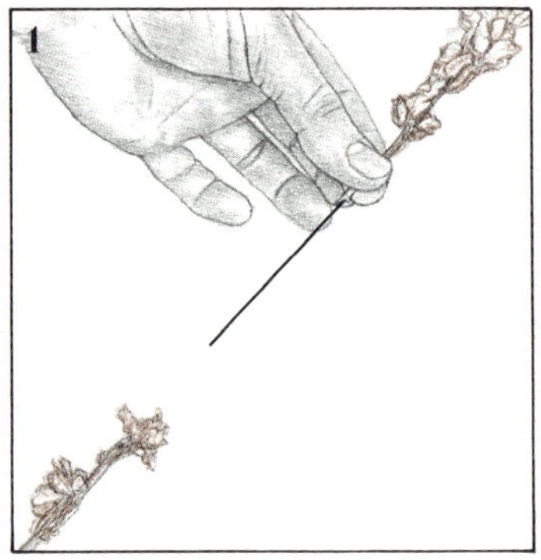


**1** Um einen abgebrochenen hohlen Stengel zu reparieren, ein Stück Blumendraht wenigstens 5 cm tief in den oberen Teil des Stengels schieben und ein ebenso langes Ende herausstehen lassen.

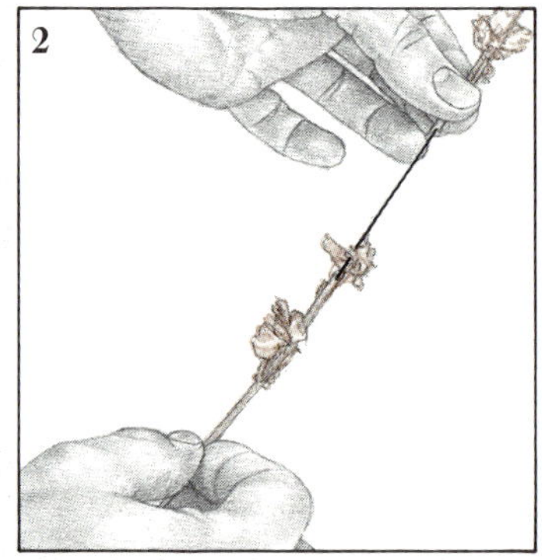


**2** Nun das untere Stengelstück auf den Draht setzen und soweit nach oben schieben, bis beide Stengelenden aneinanderstoßen.

**Stengel verlängern**

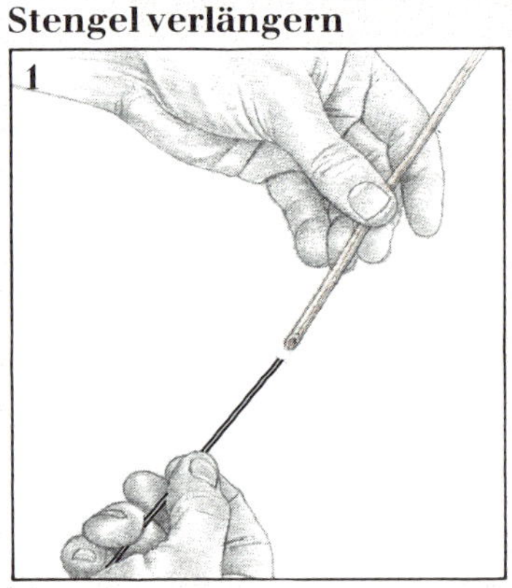


**1** Zur Verlängerung eines hohlen Stiels nimmt man einen Blumendraht in der erforderlichen Länge, der so dick ist, daß er fest im Stengel sitzt.

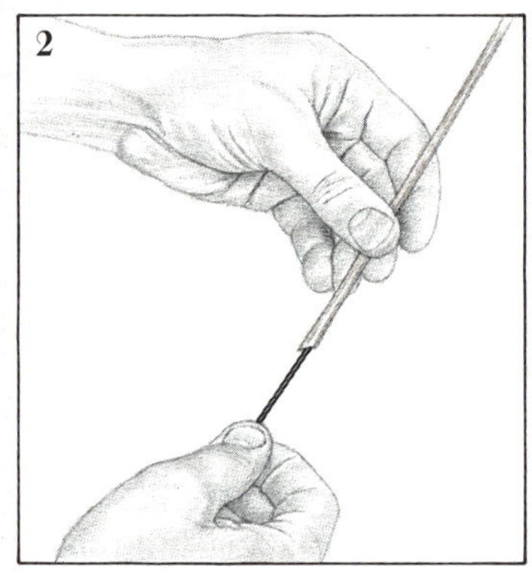


**2** Den Blumendraht 5 bis 8 cm tief in den Stiel schieben und dann Stiel und Draht auf der ganzen Länge mit Blumenband umwickeln.

**Schwere Blüten andrahten**

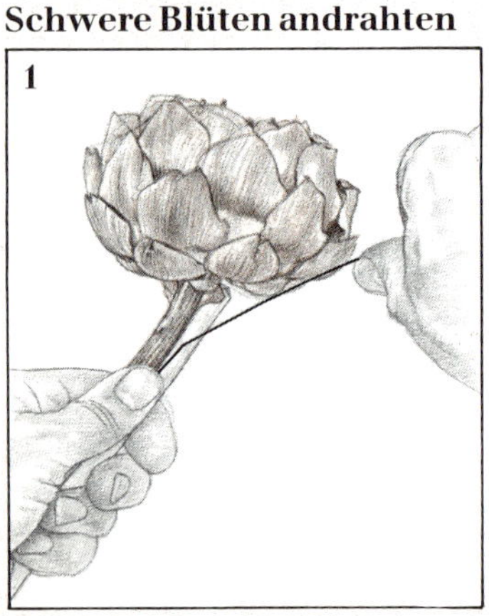


**1** Um den Stiel einer schweren Blüte, etwa einer Artischocke, zu verlängern, verwendet man einen dünnen Bambusstab.

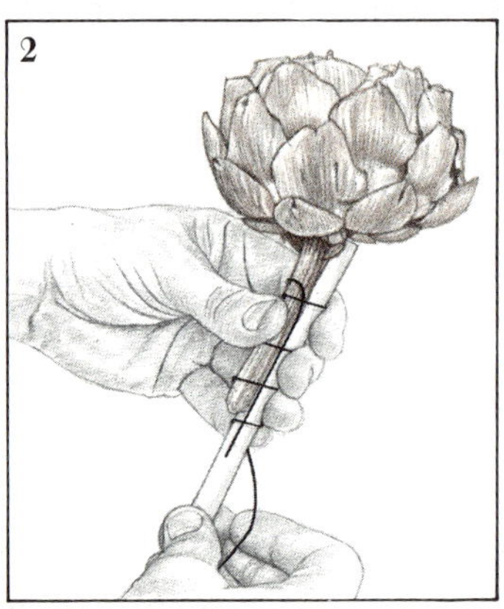


**2** Stab, Blütenstiel und Draht zusammenhalten, den Draht nach hinten biegen und um Stab und Stiel winden.

**3** Unterhalb der Blüte Blumenband schräg ansetzen und Stiel, Stab und Draht umwickeln.

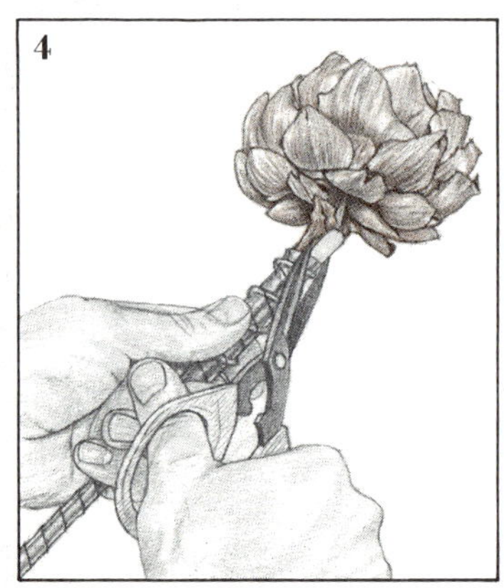


**4** Sollte das obere Ende des Bambusstabes noch sichtbar sein, schneidet man es schräg ab.

**Die Farbe verändern** (unten)
Um die großartigen silbrigen, an Perlmutt erinnernden Scheidewände des Silberblattes freizulegen, reibt man im Herbst die rosagrüne Haut der Samenschoten ab.

**Die Form verändern**

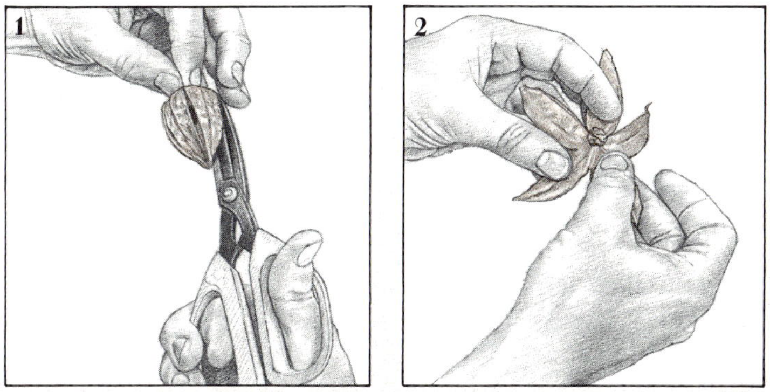

**1** Um die orangefarbenen Blütenkelche der Lampionblumen zu öffnen, schneidet man sie, an der Spitze beginnend, entlang der Rippen bis zur Basis auf.

**2** Die entstandenen Segmente vorsichtig auseinanderbiegen. Sie bilden die »Blumenblätter« einer ungewöhnlichen »Blume«.

**Veränderte Pflanzen**
Rechts sehen Sie in Blüten verwandelte Lampionblumen und unten Samenschoten des Silberblattes, bei denen die Außenhaut entfernt wurde.

**Blätter skelettieren** (unten)
Skelettierte Blätter finden sich auch auf dem Waldboden, doch leider sind sie meist beschädigt. Wollen Sie feste Blätter, etwa von Efeu, Lorbeerbaum, Camellia oder Magnolie, selbst skelettieren, kochen Sie sie eine Stunde in 1 Liter Wasser, dem sie 100 g Soda zugesetzt haben. Anschließend läßt sich das fleischige grüne Blattgewebe mit einer weichen Zahnbürste entfernen. Zurück bleibt das Blattgerippe.

# Trockenpflanzen aufbewahren

Getrocknete Pflanzen müssen nicht sofort für Arrangements verwendet werden. Sie lassen sich mehrere Monate aufbewahren, ohne daß sie dadurch Schaden nehmen. Wer genügend Platz hat, kann Trockensträuße einfach als dekorativen Blickfang aufhängen (siehe dazu die Seiten 122 und 123), raumsparender ist es jedoch, wenn man die Trockenpflanzen, zu lockeren Sträußen gebunden, in Pappkartons lagert. Die Blüten müssen gegebenenfalls mit zusammengeknülltem Zeitungs- oder Seidenpapier gestützt werden. Die erforderliche Größe des Kartons hängt natürlich davon ab, wie viele und welche Arten von Pflanzen aufbewahrt werden müssen. Die Kartons, in denen Blumengeschäfte ihre Schnittblumen geliefert bekommen, eignen sich für diesen Zweck ganz besonders gut. Da sie im Handel üblicherweise nach dem Auspacken fortgeworfen werden, können Sie in einem örtlichen Blumenladen sicher einige Kartons erhalten.

### Verpacken in Kartons

Auf dieser und den beiden folgenden Seiten sind verschiedene Methoden gezeigt, wie Trockenpflanzen in Kartons verpackt werden können. Für welche Sie sich entscheiden, hängt von Größe und Art der Pflanzen ab, die Sie aufbewahren möchten.

Sträuße legt man gewöhnlich – wie auf der gegenüberliegenden Seite gezeigt – gestaffelt übereinander. Sollen langstielige, flache Sträuße gelagert werden, kann man sie – wie an den Zeichnungen unten rechts zu sehen ist – lagenweise in einen Karton schichten. Sträuße mit zarten, empfindlichen Blüten, insbesondere Rosen, wickelt man vor dem Verpacken ein, wie auf Seite 182 oben gezeigt. Blumen mit großen Blütenköpfen, z. B. Rittersporn, Päonien oder Disteln, werden einzeln eingepackt. Kleben Sie jeden Stengel mit Kreppband am Kartonboden fest, und stützen Sie die Blüten mit zerknülltem Zeitungs- oder Seidenpapier. Besonders empfindliche Blüten oder Samenstände sollten einzeln in Papier gewickelt und aufgehängt oder in ein leeres Gefäß gestellt werden.

Wie Trockenblumen lassen sich auch die mit Glyzerin behandelten Pflanzen gut in Kartons aufbewahren, doch darf man nicht beides zusammen lagern, weil die in den glyzerinkonservierten Pflanzen enthaltene Feuchtigkeit danebenliegende Trockenblumen leicht faulen lassen könnte. Vergessen Sie nicht, daß Ihre Pflanzen in allen Stadien des Trocknungsprozesses und während der Lagerung durch zu hohe Luftfeuchtigkeit unbrauchbar werden können. Ein luftiger Schrank, der auch schon zum Trocknen der Pflanzen benutzt wurde, eignet sich ebenso dafür, um sie dort in Kartons zu lagern. Und unverpacktes, bereits getrocknetes Material kann hier ohne weiteres neben Pflanzen stehen oder hängen, die noch getrocknet werden müssen. Achten Sie aber darauf, daß der in Frage kommende Schrank wirklich gut gelüftet ist. Notfalls sollte man einen kleinen elektrischen Ventilator installieren, der die Luft zirkulieren läßt.

### Einwandfreie Pflanzen auswählen

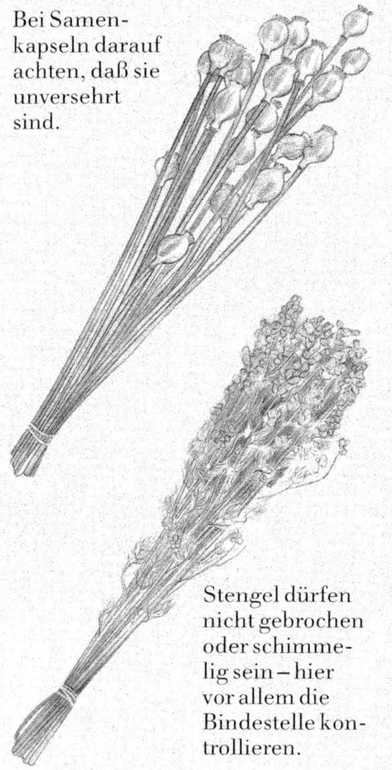

Bei Samenkapseln darauf achten, daß sie unversehrt sind.

Stengel dürfen nicht gebrochen oder schimmelig sein – hier vor allem die Bindestelle kontrollieren.

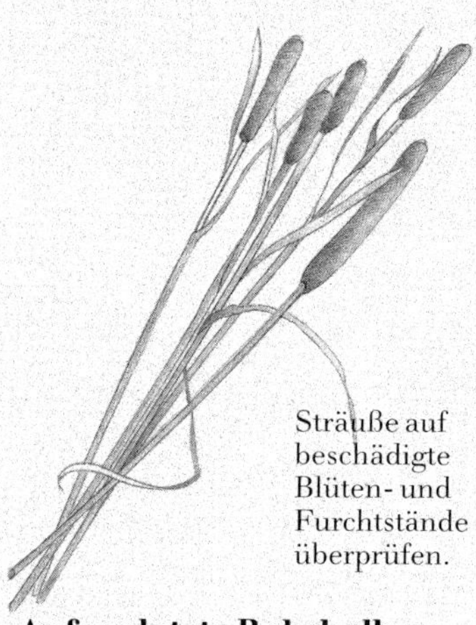

Sträuße auf beschädigte Blüten- und Furchtstände überprüfen.

**Aufgeplatzte Rohrkolben**

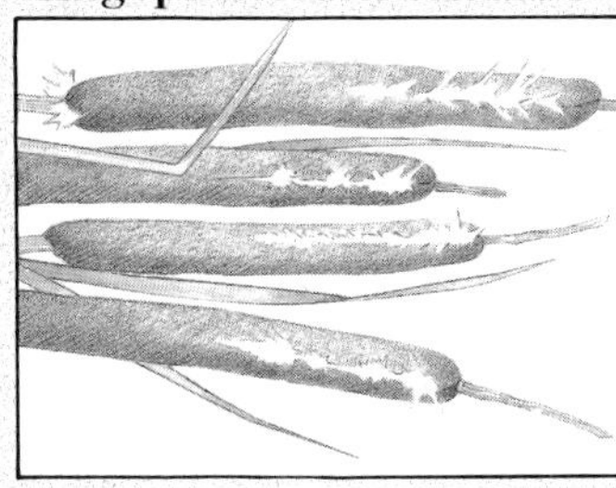

Beim Kauf von Trockenpflanzen ist darauf zu achten, daß – insbesondere an der Bindestelle – keine Anzeichen von Fäule oder Schimmel sichtbar sind, noch dürfen Stengel abgebrochen oder Blüten- und Fruchtstände beschädigt sein. Wurden Rohrkolben nicht mit Fixiermittel behandelt, sind sie unter Umständen bereits aufgeplatzt.

### Flaches Material verpacken

**1** Um flach getrocknete Pflanzen zu verpacken, die Schachtel mit leicht zerknittertem Zeitungspapier auslegen. Die Pflanzen nebeneinander darauf verteilen, bis der Boden bedeckt ist.

**2** Eine zweite Lage zerknittertes Zeitungspapier darüberdecken und weiteres Pflanzenmaterial hineinlegen. Auf diese Weise fortfahren, bis der Karton bis etwa 2,5 cm unter dem Rand gefüllt ist. Alles mit Zeitungspapier abdecken und Deckel schließen.

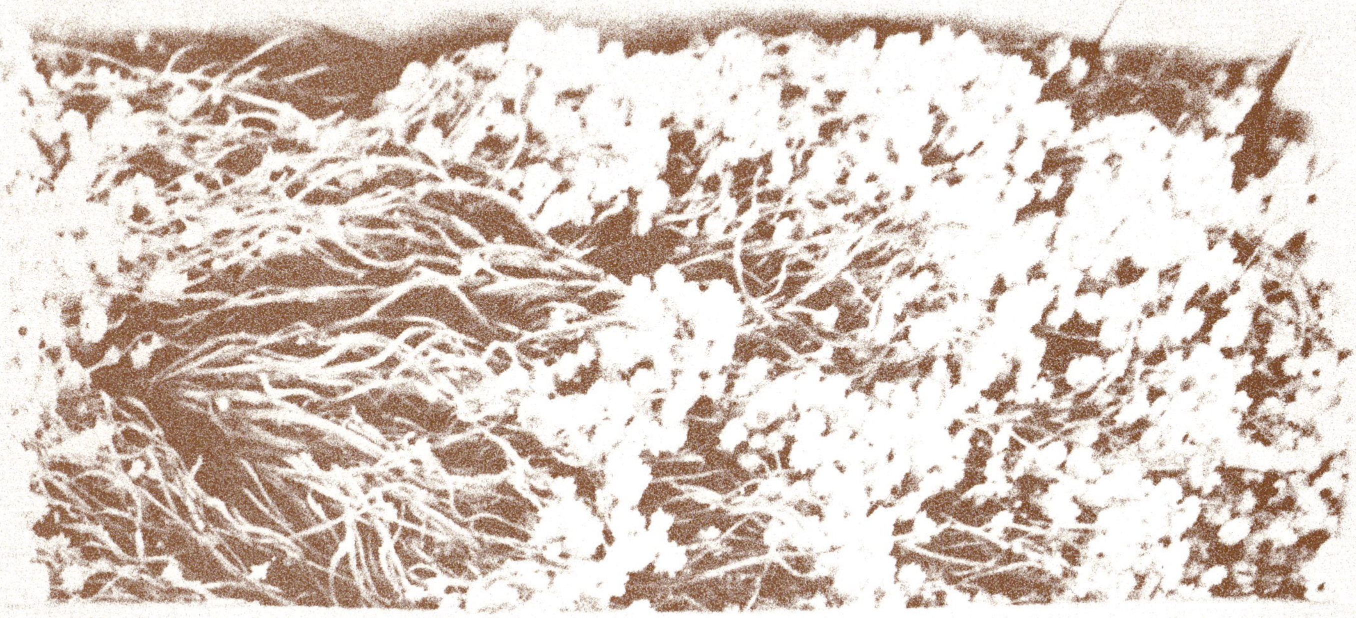

**Sträuße verpacken**

**1** Einige Sträuße an einem Kartonende so nebeneinander legen, daß die Blüten fast den oberen Rand berühren. Ein Stück Seidenpapier über die Stengel decken.

**2** Die Blüten der nächsten Straußreihe vorsichtig auf das Seidenpapier legen. Je empfindlicher die Blüten sind, um so mehr Seidenpapier ist erforderlich.

**3** Ist der Karton zu drei Vierteln gefüllt, vom anderen Ende aus weitere Sträuße dazulegen. Falls notwendig, Schnüre durch Löcher im Karton ziehen, damit die Sträuße nicht verrutschen.

**Aufbewahrung in einem Schrank**

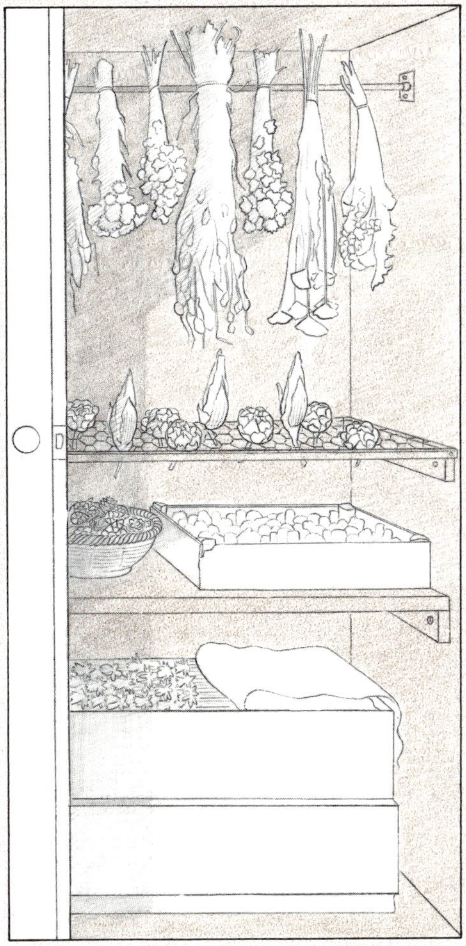

Vielleicht möchten Sie einen Schrank speziell zum Lagern von Trockenpflanzen herrichten. Oben können Sie an einer Stange Sträuße aufhängen (s. Seite 172), schwere Blüten- und Fruchtstände finden auf Kükendraht, der an Leisten auf beiden Seiten des Schrankes befestigt ist, ihren Platz (s. Seite 171). Auf einem Brett können Kisten mit Zapfen oder Moos stehen, und auf dem Schrankboden werden Kartons mit Trockenpflanzen aufbewahrt.

**Zarte Sträuße verpacken**

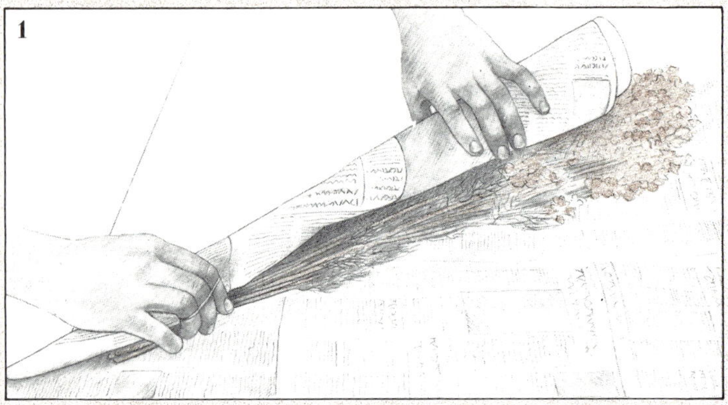

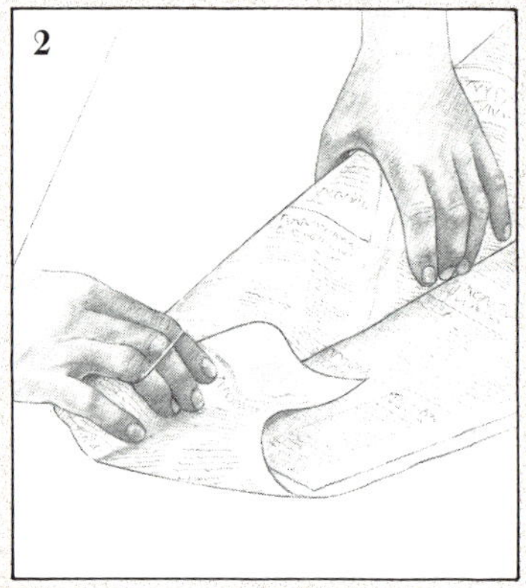

1 Um Blumen mit zarten Blüten, wie etwa Rosen, zu lagern, sollte man jeden Strauß zunächst einzeln locker in Zeitungspapier einwickeln (es soll eine tütenförmige Papierrolle entstehen). Den Rand des Papiers einmal umknicken, damit die Verpackung stabiler wird.

2 Das untere Ende des Papiers beim Zusammenrollen nach innen schlagen. Die fertige Tüte mit Klebeband oder einem Gummiring zusammenhalten.

Die Sträuße in entgegengesetzter Richtung in den Karton legen.

**Hortensien verpacken**

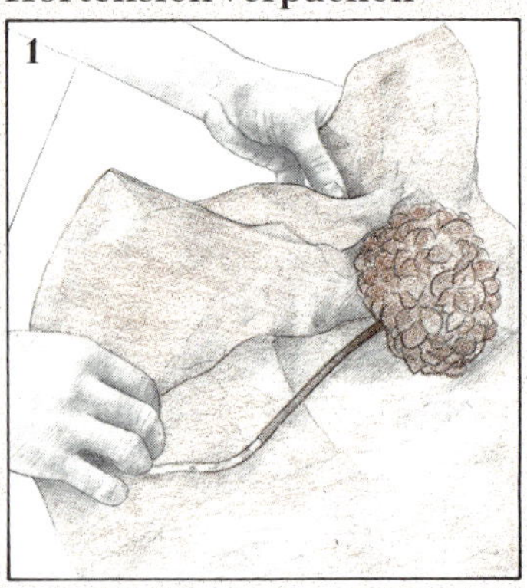

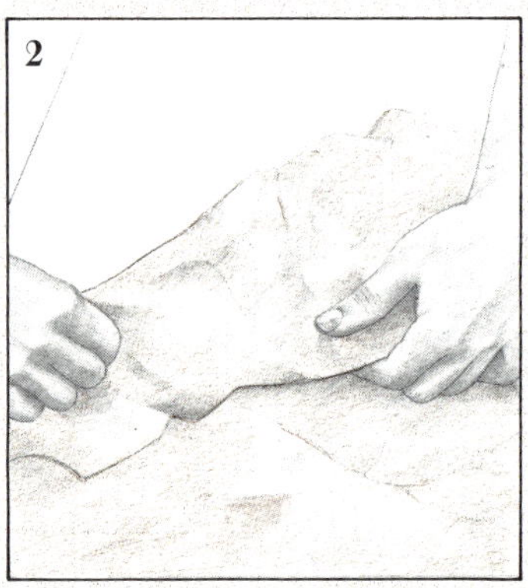

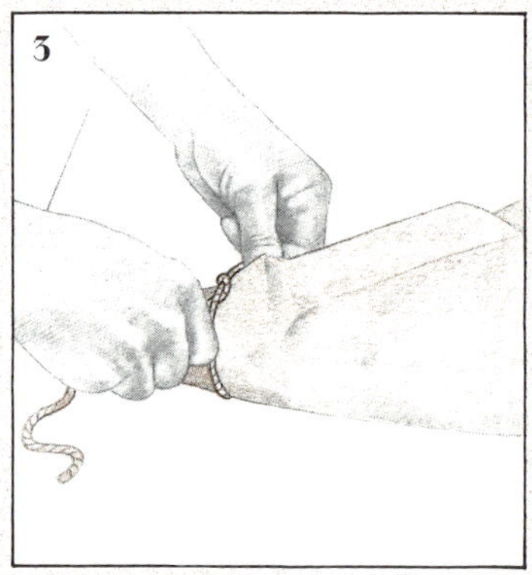

1 Hortensien sind sehr zart und sollen zum Lagern einzeln eingepackt werden. Jede Blüte auf ein großes Stück Seidenpapier legen.

2 Das Papier locker um den Blütenstand wickeln und mit Klebeband zusammenhalten. Darauf achten, daß die Blüte nicht gequetscht wird.

3 Das Papier etwa 2,5 cm über den Stengelenden zusammenbinden und in die Schnurenden eine Schlaufe zum Aufhängen knüpfen.

Die eingewickelten Blüten einzeln zum Trocknen aufhängen.

**Lauch-Fruchtstände verpacken**

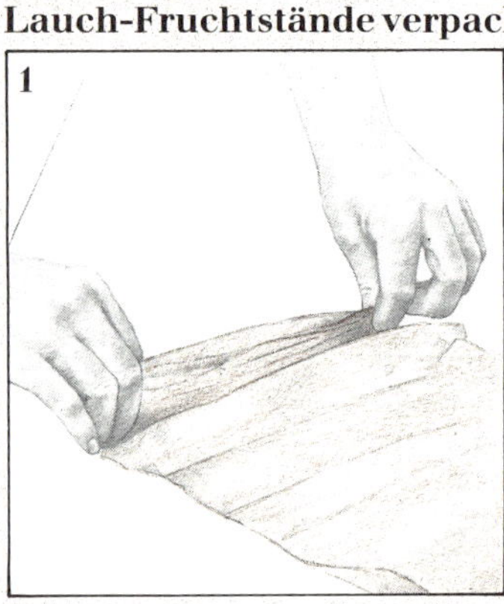

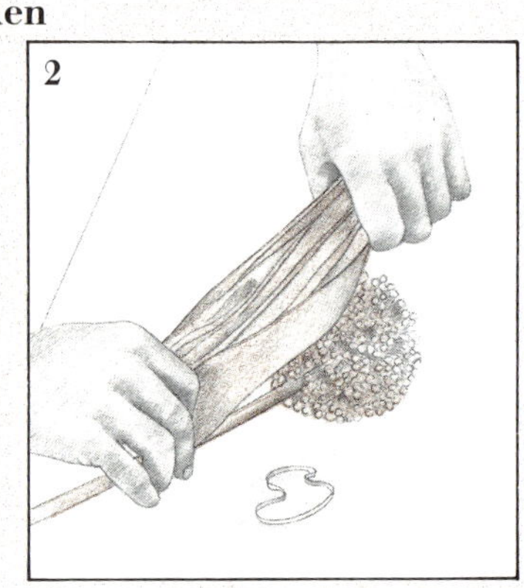

1 Um empfindliche Fruchtstände mit einem kräftigen Stengel zu schützen, zunächst ein etwa 20 × 60 cm großes Stück Seidenpapier fälteln.

2 Das Papier 5 cm unter dem Fruchtstand um den Stiel legen und die Falten vorsichtig auseinanderziehen, so daß der Kopf eingehüllt wird.

3 Die schützende Seidenpapierkrause dicht unter dem Fruchtstand mit Bast oder einem Stück Schnur zusammenbinden.

Die Fruchtstände aufrecht in einem leeren Gefäß aufbewahren.

# Übersicht zur Pflanzenauswahl

Es gibt eine ungeheure Vielfalt an Pflanzen, die getrocknet und für Arrangements verwendet werden können. Die Übersicht erleichtert es Ihnen, das geeignete Material auszuwählen, da sie alle wichtigen Informationen auf einen Blick bietet. Sie finden dort den deutschen wie auch den lateinischen Namen und die Seite, auf der eine Pflanze abgebildet ist, welche Farbe und ungefähre Größe sie hat, wann man sie am besten erntet und welche Teile sich verwenden lassen. Ferner wird das geeignetste Trockenverfahren genannt, und Punkte zeigen, wie leicht oder schwer sich die Pflanze trocknen läßt: • einfach, •• mittel, ••• schwer

| Farbe | | | | | | | | | | | Länge der Exemplare in cm | | Erntezeit | | | | Verwendete Teile | | | | Methode | | | |
|---|---|---|---|---|---|---|---|---|---|---|---|---|---|---|---|---|---|---|---|---|---|---|---|---|
| Silber | Weiß | Creme | Violett | Blau | Grün | Braun | Gelb | Orange | Rosa | Rot | | | Frühling | Sommer | Herbst | Winter | Blüte | Stengel/Zweig | Blatt | Fruchtstand | Lufttrocknen | Glyzerin | Trockenmittel | Pressen |
| | | | | | | | ● | | | | 30–60 | *Acacia* sp. Mimose/Akazie 30 | ● | | | | ● | | ● | | ● | | | |
| ● | | | | | | | | | | | 30–60 | *Acacia* sp. Mimose/Akazie 54 | ● | | | | ● | | ● | | ● | | | |
| | ● | | | | | | | | | | 60–90 | *Acanthus spinosus* Stachelähre 58 | | | ● | | ● | | | | ● | | | |
| | | | | | | | ● | | | | 60 | *Achillea filipendulina* 'Coronation Gold' Goldgarbe 29 | | ● | | | ● | | | | ● | | | |
| | | | | | | | | | ● | | 60 | *Achillea millefolium* Schafgarbe 25 | | ● | | | ● | | | | ● | | | |
| | | | | | | | ● | | | | 60–90 | *Achillea* sp. Goldgarbe 31 | | ● | | | ● | | | | ● | | | |
| | | | | | | | ● | | | | 60 | *Achillea* sp. Hellgelbe Garbe 31 | | ● | | | ● | | | | ● | | | |
| | | | | | | | ● | | | | 65 | *Achillea* sp. Kleine Garbe 33 | | ● | | | ● | | | | ● | | | |
| | | | ● | | | | | | | | 60–90 | *Aconitum napellus* Eisenhut 50 | | ● | | | ● | | | | ●● | | | |
| | ● | | | | | | | | | | 45 | *Agonis juniperina* Agonis 57 | | | ● | | ● | | ● | | ● | | | |
| | ● | | | | | | | | | | 50 | *Agonis* sp. Agonis | | | ● | | | ● | | | ● | | | |
| | | | | | | | | | ● | | 30 | *Aira* sp. Schmielenhafer 20 | | | ● | | | | | ● | ● | | | |
| | | | | | | | | | ● | | 30 | *Aira* sp. Schmielenhafer 21 | | | ● | | | | | ● | ● | | | |
| | | | | | ● | | ● | | | | 30 | *Alchemilla mollis* Frauenmantel 30 | | ● | | | ● | | ● | | ● | | | ● |
| | | | | | | ● | | | | | 60–90 | *Allium aflatunense* Zierlauch 44 | | | ● | | | | | ● | ● | | | |
| | | | | | | | | | ● | | 45 | *Allium* sp. Lauch 20 | | | ● | | | | | ● | ● | | | |
| | | ● | | | | | | | | | 60–90 | *Allium* sp. Lauch 59 | | | ● | | | | | ● | ● | | | |
| | | | | | ● | | | | | | 45 | *Alyssum* sp. Steinkraut 38 | | ● | | | | | | ● | ● | | | |
| | | | | | ● | | | | | | 30–45 | *Amaranthus* caudatus 'Viridis' Gartenfuchsschwanz 39 | | ● | | | | | | ● | ● | | | |
| | | | ● | | | | | | | | 30–45 | *Amaranthus* sp. Fuchsschwanz 50, 51 | | ● | | | | | | ● | ● | | | |
| | ● | | | | | | | | | | 45 | *Ammobium* sp. Papierknöpfchen 57 | | ● | | | ● | | | | ● | | | |
| | | | | | ● | | | | | | 60 | *Anethum graveolens* Dill 36 | | | ● | | ● | | | | ●● | | | |
| | | | | | | | | | | ● | 60–90 | *Anigozanthos rufus* rote Känguruhblume 25 | | | ● | | ● | | | | ● | | | |
| | | | | | | | ● | | | | 60–90 | *Anigozanthos* sp. Gelbe Känguruhblume 29 | | | ● | | ● | | | | ● | | | |
| | | ● | | | | | | | | | 60–90 | *Anigozauthos* sp. Känguruhblume 60 | | | ● | | ● | | | | ● | | | |
| | ● | | | | | | | | | | 15–30 | *Anthemis nobilis* Römische Kamille 55 | | ● | | | ● | | | | | | | |
| | | ● | | | | | | | | | 30 | *Aphyllanthes* sp. Aphyllanthes 59 | | ● | | | ● | | | | ● | | | |
| | | | | | | | ● | | | | 25 | *Arctosis* sp. Afrikanische Daisy 30 | | ● | | | ● | | | | ● | | | |
| | | | | | | ● | | | | | 90–120 | *Artemisia vulgaris* Beifuß 42 | | ● | | | | ● | | | ● | | | |
| | | | | | ● | | | | | | 150–240 | *Arundinaria* sp. Bambusgras 37 | | ● | ● | | | ● | ● | | ● | | | |
| | | | | | ● | | | | | | 150–180 | *Arundinaria* sp. Bambusgras 38 | | ● | ● | | | ● | ● | | ● | | | |
| | | | | | ● | | | | | | 120–150 | *Arundinaria* sp. Bambusgras 41 | | ● | ● | | | ● | ● | | ● | | | |
| | | | | ● | | | | | | | 60 | *Astilbe davidii* Prachtspiere 50, 51 | ● | | | | ● | | | | ● | | | |
| | | | | | | | ● | | | | 60 | *Banksia attenuata* Banksia 31 | | ● | | | ● | | | | ● | | | |
| | | | | | | | ● | | | | 60 | *Banksia baxteri* Banksia 30 | | ● | | | ● | | | | ● | | | |
| | | | | | | | | | | ● | 60 | *Banksia menziesii* Banksia 21 | | ● | | | ● | | | | ● | | | |
| | | | | | | | | | | ● | 90 | *Banksia occidentalis* Banksia 21 | | ● | | | ● | | ● | | ● | | | |
| | ● | | | | | | | | | | 90 | *Banksia* prionotes Banksia 60 | | ● | | | ● | | | | ● | | | |
| | | | | | ● | | | | | | 90 | *Banksia* sp. Banksia 37 | ● | | | | | | ● | | ● | | | |
| | | | | | | ● | | | | | 60+ | *Betula pendula* Weißbirke 43 | | | | ● | | ● | | | ● | | | |
| | | | | | ● | | | | | | 45 | *Briza maxima* Riesenzittergras 36, 37 | | | ● | | | | | ● | ● | | | |
| | | | | | | | | | ● | | 30–45 | *Briza media* Zittergras 21 | | | ● | | | | | ● | ● | | | |
| | | | | | ● | | | | | | 30 | *Briza minima* Kleines Zittergrs 36 | | | ● | | | | | ● | ● | | | |
| | | | | | | | | | ● | | 45 | *Bromus* sp. Trespe 20 | | | ● | | | | | ● | ● | | | |
| | ● | | | | ● | | | | | | 60 | *Bupleurum* sp. Bupleurum 55 | | | ● | | ● | | ● | | ● | | | |
| | | ● | | | | | | | | | 45 | *Cacalia* sp. Cacalia 59 | | ● | | | ● | | | | ● | | | |
| | | | | | | ● | | | | | 45 | *Calamus* sp. Rotangpalme, Spanisches Rohr 42 | | ● | | | | | | ● | ● | | | |
| | | | | | | | | ● | | | 30 | *Calendula officinalis* Ringelblume 33 | | ● | | | ● | | | | ●● | | | ● |
| | | | | | | | | | | ● | 60 | *Callistemon beaufortia sparsa* Roter Zylinderputzer 23 | | ● | | | ● | | | | ● | | | |
| | | | | | | ● | | | | | 60–90 | *Callistemon citrinus* Karminroter Zylinderputzer 41 | | ● | | | | | ● | ● | ● | | | |
| | | | | | ● | | | | | | 45 | *Calytrix* sp. Calytrix 38 | | ● | | | | | ● | | ● | | | |

| Silber | Weiß | Creme | Violett | Blau | Grün | Braun | Gelb | Orange | Rosa | Rot | Länge der Exemplare in cm | | Frühling | Sommer | Herbst | Winter | Blüte | Stengel/Zweig | Blatt | Fruchtstand | Lufttrocknen | Glyzerin | Trockenmittel | Pressen |
|---|---|---|---|---|---|---|---|---|---|---|---|---|---|---|---|---|---|---|---|---|---|---|---|---|
| **Farbe** | | | | | | | | | | | | | **Erntezeit** | | | | **Verwendete Teile** | | | | **Methode** | | | |
| | | | | | ● | | | | | | 30 | *Capsella* sp. Hirtentäschel 38 | ● | | | | | | | ● | ● | | | |
| | | | | | | ● | | | | | 60–75 | *Carex* sp. Segge 45 | | | ● | | | | | ● | ● | | | |
| ● | | | | | | | | | | | 30 | *Carlina acaulis* 'Caulescens' Silberdistel 58 | | | ● | | ● | | | | ● | | | |
| | | | | | | | | ● | | | 60–90 | *Carthamus tinctorius* Färberdistel 33 | | ● | | | ● | | | | ● | | | |
| | | | | | | | | | | ● | 25 | *Celastrus* sp. Baumwürger 24 | | | ● | | | | | ● | ●● | | | |
| | | | | | | | | | ● | ● | 30 | *Celosia argentea cristata* Hahnenkamm 25 | | ● | | | ● | | | | ● | | | |
| | | | ● | ● | | | | | | | 30 | *Centaurea cyanus* Kornblume 50, 51 | | ● | | | ● | | | | ●● | | | |
| ● | | | | | | | | | | | 45 | *Cephalipterum drummondii* Cephalipterum 55 | | ● | | | ● | | | | ● | | | |
| | | | | | ● | | | | | | 45 | *Chenopodium* sp. Gänsefuß 39 | | ● | | | | | | ● | ● | | | |
| | | ● | | | | | | | | | 120–150 | *Chenopodium* sp. Gänsefuß 59 | | ● | | | | ● | | | ● | | | |
| | ● | | | | ● | | | | | | 30+ | *Choisya ternata* Orangenblume 41 | | | ● | | ● | | ● | | | ● | | ● |
| | | | | | | | ● | | | | 60 | *Chrysanthemum* sp. Rainfarn 30 | | | ● | | ● | | | | ● | | | |
| | | | | | | | ● | | | | 60 | *Chrysanthemum* sp. Chrysantheme 32 | | | ● | | ● | | | | ● | | | |
| | | | | | | | ● | | | | 60 | *Chrysanthemum vulgare* Rainfarn 32 | | | ● | | ● | | | | ● | | | |
| ● | | | | | | | | | | | 5 | *Cladonia* sp. Islandmoos 60 | | | ● | ● | | | ● | | ● | | | |
| | | ● | | | | | | | | | 25 | *Clematis* sp. Waldrebe, Fruchtstand 60 | | | ● | | | | | ● | ● | | | |
| | ● | | | | | | | | | | 15 | *Clematis vitalba* Waldrebe 60 | | | ● | | | ● | | ● | ● | | | |
| | ● | | | ● | | | | | ● | | 60–90 | *Delphinium consolida* Ackerrittersporn 22 | | ● | | | ● | | | | ● | | | |
| | | ● | | | | | | | | | 150–270 | *Cortaderia selloana* Pampasgras 54 | | | ● | | | | | ● | ● | | | |
| | | ● | | | | | | | | | 150–270 | *Cortaderia selloana* Pampasgras 57 | | | ● | | | | | ● | ●● | | | |
| | | ● | | | | | | | | | 150–270 | *Cortaderia selloana* Pampasgras 59 | | | ● | | | | | ● | ● | | | |
| | | | | | | | ● | | | | 30 | *Craspedia globosa* Craspedia 28 | | ● | | | ● | | | | ●● | | | |
| | | | | | | ● | | | | | 120–150 | *Cynara scolymus* Artischocke 44 | | | ● | | | | | ● | ● | | | |
| | | | | | | | | | ● | | 60 | *Cynara* sp. Rosafarbene Artischocke 20 | | | ● | | ● | | | ● | ● | | | |
| | | | | | | ● | | | | | 60 | *Cyperus papyrus* Papyrus 45 | | ● | | | | | | ● | ● | | | |
| | ● | | | | | | | ● | ● | ● | 30–60 | *Dahlia* sp. Pompondahlie 25 | | ● | | | ● | | | | ●● | | ●● | |
| | ● | | | ● | | | | | ● | | 60–90 | *Delphinium consolida* Rittersporn 48 | | ● | | | ● | | | | ● | | | |
| | | | | ● | | | | | | | 90 | *Delphinium elatum* Hoher Rittersporn 50 | | ● | ● | | ● | | | | ●● | | ●● | |
| | | | | ● | | | | | | | 60 | *Delphinium* sp. Kleinblütiger Rittersporn 51 | | ● | | | | ● | | | ● | | | |
| | | ● | | | | | | | | | 90 | *Delphinium* sp. Cremefarbener Rittersporn 56 | | ● | ● | | ● | | | | ●● | | ●● | |
| | ● | | | | | | | | | | 90 | *Delphinium* sp. Weißer Rittersporn 57 | | ● | ● | | ● | | | | ●● | | ●● | |
| | | ● | | | | | | | | | 90 | *Dianthus* sp. Nelke, Fruchtstand 58 | | ● | | | | | | ● | ● | | | |
| | | | | | | | ● | | | | 60 | *Dryandra formosa* Dryandra | ● | | | | ● | | | | ● | | | |
| | | | | | | | ● | | | | 60 | *Dryandra polycephala* Dryandra | ● | | | | | ● | | | ● | | | |
| | | | | | | | ● | | | | 30–60 | *Dryandra quercifolia* Dryandra 31 | | ● | | | ● | | | | ● | | | |
| | | | | | ● | | | | | | 60 | *Dryandra* sp. Dryandra 40 | | ● | | | | ● | | | ● | | | |
| | | | | | ● | | | | | | 60 | *Dryopteris filix-mas* Wurmfarn 38 | | ● | | | | | ● | | | | | ● |
| | | | | ● | | | | | | | 60 | *Echinops ritro* Kleine Kugeldistel 48 | | | ● | | | | | ● | ●● | | | |
| | | | | ● | | | | | | | 60–90 | *Echinops ritro* Kugeldistel 48, 49 | | ● | | | | | | ● | ●● | | | |
| | | | | | | | | | ● | | 30–60 | *Erica cinerea* Grauheide 24 | | | ● | | ● | | | | ● | | | |
| | | | | ● | | | | | | | 60 | *Eryngium* sp. Edeldistel 49 | | | ● | | | | | ● | ● | | | |
| ● | | | | | | | | | | | 60 | *Eucalyptus cinerea* Eukalyptus, Fieberbaum 60 | | | ● | | | | ● | | ● | ● | | |
| | | | | | ● | ● | | | | | 90 | *Eucalyptus ficifolia* Eukalyptus, Fieberbaum | | | ● | ● | | | | ● | ● | | | |
| ● | | | | | | | | | | | 30–60 | *Eucalyptus globulus* Blaugummibaum 54 | | | ● | | | | ● | ● | ● | ● | | |
| | | | | | ● | ● | | | | | 90 | *Eucalyptus gummifera* Eukalyptus, Fieberbaum | | | ● | ● | | | | ● | ● | | | |
| | | | | | ● | | | | | | 60–90 | *Eucalyptus niphophila* Eukalyptus, Fieberbaum 40 | | | ● | | | | ● | ● | ● | ● | | |
| | | | | | | ● | | | | | 60 | *Eucalyptus* sp. Bronzeblättriger Eukalyptus 25 | | | ● | | | | ● | | | ● | | |
| ● | | | | | | | | | | | 30–60 | *Eucalyptus tetragona* Eukalyptus, Fieberbaum 60 | | | ● | | | | ● | ● | ● | | | |
| | | | | | ● | | | | | | 60–90 | *Fagus sylvatica* Rotbuche 38 | | ● | | | | ● | ● | | ● | | | ● |
| | | | ● | | | | | | | | 60–90 | *Fagus sylvatica* 'Cuprea' Rotbuche 24 | | ● | | | | ● | ● | | ● | ● | | ● |
| | | | | | | | | | ● | | 30–60 | *Festuca* sp. Rosafarbener Schwingel 20 | | | ● | | | | | ● | ● | | | |
| | | | | | | | | | ● | | 30–60 | *Festuca* sp. Blaßrosa Schwingel 21 | | | ● | | | | | ● | ● | | | |
| | | | | | | ● | | | | | 30–60 | *Festuca* sp. Schwingel 45 | | | ● | | | | | ● | ● | | | |
| | ● | | | | | | | | ● | | 45 | *Gomphrena globosa* Kugelamarant 23 | | ● | | | ● | | | | ●● | | | |
| | ● | | | | | | | | | | 60–90 | *Gossypium herbaceum* Levante-Baumwolle 57 | | ● | | | | | | ● | ● | | | |
| | | | | | ● | | | | | | 60+ | *Grevillea* sp. Australische Silbereiche 39 | | ● | | | | | ● | | ● | | | |
| | | | | | ● | | | | | | 5 | *Grimmia pulvinata* Grimmia-Moos 39 | | | | ● | | | ● | | ● | | | |
| | ● | | | | | | | | | | 45 | *Gypsophila* sp. Schleierkraut 56 | | ● | | | ● | | | | ● | | | |
| | | | | | ● | | | | | | 30+ | *Hakea cucullata* Hakea 38 | | | ● | | | | ● | | ● | | | |
| | | | | | ● | ● | | | | | 60–90 | *Hakea* sp. Hakea 41 | | | ● | | | ● | ● | | ● | | | |
| | | | | | ● | | | | | | 30 | *Hedera helix* Efeu 38 | | ● | ● | | | | ● | | | ●● | | ●● |

| Farbe: Silber | Weiß | Creme | Violett | Blau | Grün | Braun | Gelb | Orange | Rosa | Rot | Länge der Exemplare in cm | | Erntezeit: Frühling | Sommer | Herbst | Winter | Verwendete Teile: Blüte | Stengel/Zweig | Blatt | Fruchtstand | Methode: Lufttrocknen | Glyzerin | Trockenmittel | Pressen |
|---|---|---|---|---|---|---|---|---|---|---|---|---|---|---|---|---|---|---|---|---|---|---|---|---|
| | | | | | | | ● | | | | 25 | *Helichrysum angustifolium* Strohblume 28 | | ● | | | ● | | | | ● | | | |
| | | | | | | | | | ● | | 45 | *Helichrysum bracteatum* Gartenstrohblume 22 | | ● | | | ● | | | | ● | | | |
| | | | | | | | | | | ● | 45 | *Helichrysum bracteatum* Kräftigrote Gartenstrohblume 24 | | ● | | | ● | | | | ● | | | |
| | | | | | | | | | | ● | 45 | *Helichrysum bracteatum* Tiefrote Gartenstrohblume 25 | | ● | | | ● | | | | ● | | | |
| | | ● | | | | | | | | | 45 | *Helichrysum bracteatum* Gartenstrohblume 58 | | ● | | | ● | | | | ● | | | |
| ● | | | | | | | | | | | 60 | *Helichrysum cordatum* Strohblume 56 | | ● | | | | ● | | | ● | | | |
| | | | | | | | ● | | | | 30 | *Helichrysum italicum* Italienische Immortelle 28 | | ● | | | ● | | | | ● | | | |
| | | | | | | | ● | | | | 45 | *Helichrysum* sp. Blaßgelbe Strohblume 28 | | ● | | | ● | | | | ● | | | |
| | | | | | | | ● | | | | 45 | *Helichrysum* sp. Goldgelbe Strohblume 29 | | ● | | | ● | | | | ● | | | |
| | | | | | | | ● | | | | 25 | *Helichrysum* sp. Silberblättrige Strohblume 29 | | ● | | | ● | | | | ● | | | |
| | ● | | | | | | | | | | 15 | *Helichrysum* sp. Kleine vielblütige Strohblume 54, 55 | | ● | | | ● | | | | ● | | | |
| ● | | | | | | | | | | | 45 | *Helichrysum* sp. Silbriges Strohblumenlaub 55 | | ● | | | | ● | | | ● | | | |
| ● | | | | | | | | | | | 25 | *Helichrysum* sp. Silberne Strohblume 56 | | ● | | | ● | | | | ● | | | |
| | | | | | | | | | ● | | 45 | *Helipterum manglesii* Strohblume 22 | | ● | | | ● | | | | ● | | | |
| | ● | | | | | | | | | | 45 | *Helipterum manglesii* Strohblume 56 | | ● | | | ● | | | | ● | | | |
| | | | | | | | | | ● | | 45 | *Helipterum roseum* Sonnenflügel 22 | | ● | | | ● | | | | ● | | | |
| | | | | | | | | | ● | | 45 | *Helipterum* sp. Sonnenflügel 23 | | ● | | | ● | | | | ● | | | |
| | | | | | | | ● | | | | 45 | *Helipterum* sp. Sonnenflügel 29 | | ● | | | ● | | | | ●● | | | |
| | ● | | | | | | | | | | 45 | *Helipterum* sp. Großblütiger Sonnenflügel 56 | | ● | | | ● | | | | ● | | | |
| | ● | | | | | | | | | | 15 | *Helipterum* sp. Miniatur-Sonnenflügel 57 | | ● | | | ● | | | | ● | | | |
| | | ● | | | | | | | | | 25 | *Helipterum* sp. Vielblütiger Sonnenflügel 59 | | ● | | | ● | | | | ● | | | |
| | | ● | | | | | | | | | 90 | *Heracleum sphondylium* Herkuleskraut 59 | | | ● | | | | | ● | ● | | | |
| | | | | | | | ● | | | | 45 | *Hordeum* sp. Gerste mit dunklen Grannen 42 | | | ● | | | | | ● | ● | | | |
| | | | | | ● | | | | | | 45 | *Hordeum vulgare* Saatgerste 37 | | | ● | | | | | ● | ● | | | |
| | | ● | | | ● | | | | | | 45 | *Hosta* sp. Funkie (Fruchtstand) 58 | | | ● | | | | ● | ● | ● | | | ● |
| | | | | | | ● | | | | | 45 | *Humulus lupulus* Hopfen 44 | | | ● | | | ● | | ● | ●● | | | |
| | | | | | ● | | | | | | 30–60 | *Hydrangea macrophylla* Großblättrige Hortensie 37 | | | ● | | ● | | | | ●●● | ●●● | | |
| | | | | | | ● | | | | | 30–60 | *Hydrangea macrophylla* Großblättrige Hortensie 40 | | | ● | | ● | | | | ●●● | ●●● | | |
| | | | ● | | | | | | | | 30–60 | Hydrangea macrophylla Blauliche Hortensienblüten 49 | | | ● | | ● | | | | ●●● | ●●● | | |
| | | ● | | | | | | | | | 30–60 | *Hydrangea macrophylla* Großblättrige Hortensie 58 | | | ● | | ● | | | | ●●● | ●●● | | |
| | | | ● | | | | | | | | 30–60 | *Hydrangea macrophylla* 'Generale Vicomtesse de Vabraye' Großblättrige Hortensie 48 | | | ● | | ● | | | | ●●● | ●●● | | |
| | | | | | | | | | | ● | 30–60 | *Hydrangea macrophylla* Großblättrige Hortensie 21 | | | ● | | ● | | | | ●●● | ●●● | | |
| | | | | | ● | | | | | | 30–60 | *Hydrangea paniculata* Rispenhortensie 37 | | | ● | | ● | | | | ●●● | ●●● | | |
| | ● | | | | | | | | | | 30 | *Ixodia achilleoides* Ixodia | ● | ● | | | ● | | | | ● | | | |
| | ● | | | | | | | | | | 30 | *Ixodia* sp. Ixodia 57 | | ● | | | ● | | | | ● | | | |
| | | | | | | ● | | | | | 60 | *Juncus* sp. Binse 40 | | | ● | | | | | ● | ● | | | |
| | | | | | ● | | | | | | 45 | *Kingia australis* Kingia 56 | | ● | | | | | ● | | ● | | | |
| | ● | | | | | | | | | | 30 | *Lachnostachys* sp. Lachnostachys 56 | | ● | | | ● | | | | ● | | | |
| | | ● | | | | | | | | | 45 | *Lapsana* sp. Lapsana 58 | | | ● | | | | | ● | ● | | | |
| | | | | | | ● | | | | | 15 | *Larix* sp. Lärchenzapfen 43 | | | ● | | | | | ● | ● | | | |
| | | | | ● | | | | | | | 30–45 | *Lavandula spica* Lavendel 48 | | ● | | | ● | | | | ●● | | | |
| | | | | | | ● | | | | | 30 | *Lecythis usitata* Lecythis 42 | | | ● | | | | | ● | ● | | | |
| | | | | | | | | | ● | | 30 | *Leptospermum* sp. Leptospermum 23 | | ● | | | ● | | | | ● | | | |
| | | | | | | ● | | | | | 30–60 | *Leucadendron rubrum* Leucadendron 42 | | ● | | | ● | | | | ● | | | |
| | | | | | | | | | | ● | 30 | *Leucadendron* sp. Leucadendron 25 | | ● | | | ● | | | | ● | | | |
| | | | | | ● | | | | | | 30 | *Leucadendron* sp. Leucadendron 40 | | ● | | | | | ● | | ● | | | |
| | | | | | ● | ● | | | | | 45 | *Leucadendron* sp. Leucadendron 45 | | ● | | | ● | | ● | | ● | | | |
| | | | | | | ● | | | | | 30–60 | *Leucadendron stelligenum* Leucadendron 41 | | ● | | | | | | ● | ● | | | |
| | | ● | | | | | | | | | 30–40 | *Liatris* Prachtscharte 60 | | ● | | | ● | | | | ● | | | |

| Farbe: Silber | Weiß | Creme | Violett | Blau | Grün | Braun | Gelb | Orange | Rosa | Rot | Länge der Exemplare in cm | | Erntezeit: Frühling | Sommer | Herbst | Winter | Verwendete Teile: Blüte | Stengel/Zweig | Blatt | Fruchtstand | Methode: Lufttrocknen | Glyzerin | Trockenmittel | Pressen |
|---|---|---|---|---|---|---|---|---|---|---|---|---|---|---|---|---|---|---|---|---|---|---|---|---|
| | | | | | | | | | ● | | 30–40 | *Liatris spicata* 24 | | ● | | | ● | | | | ● | | | |
| | | | ● | | | | | | | | 45 | *Limonium sinuatum* Malvenfarbener Meerlavendel 50 | | ● | | | ● | | | | ● | | | |
| | | | ● | | | | | | | | 45 | *Limonium sinuatum* Violetter Meerlavendel 51 | | ● | | | ● | | | | ● | | | |
| | | | ● | | | | | | | | 45 | *Limonium sinuatum* Rosavioletter Meerlavendel 51 | | ● | | | ● | | | | ● | | | |
| | | | | | | | | | ● | | 45 | *Limonium* sp. Lachsrosa Meerlavendel 23 | | ● | | | ● | | | | ● | | | |
| | | | | | | | ● | | | | 45 | *Limonium* sp. Goldgelber Meerlavendel 30 | | ● | | | ● | | | | ● | | | |
| | | | | | | | | ● | | | 45 | *Limonium* sp. Tief lachsrosa Meerlavendel 32 | | ● | | | ● | | | | ● | | | |
| | | | | ● | | | | | | | 30–45 | *Limonium* sp. Großblütiger Meerlavendel 48 | | ● | | | ● | | | | ● | | | |
| | | | | ● | | | | | | | 30 | *Limonium* sp. Meerlavendel 49 | | ● | | | ● | | | | ● | | | |
| | ● | | | | | | | | | | 60 | *Limonium* sp. Meerlavendel 54 | | ● | | | ● | | | | ● | | | |
| | ● | | | | | | | | | | 30 | *Limonium* sp. Meerlavendel 57 | | ● | | | ● | | | | ● | | | |
| | | ● | | | | | | | | | 45 | *Limonium* sp. Cremefarbener Meerlavendel 57 | | ● | | | ● | | | | ● | | | |
| | ● | | | | | | | | | | 45 | *Limonium* sp. Meerlavendel 60 | | ● | | | ● | | | | ● | | | |
| | | | | | | | | | ● | | 45–60 | *Limonium suworowii* Meerlavendel 24 | | ● | | | ● | | | | ● | | | |
| | | | | | | | | | ● | | 45–60 | *Lunaria rediviva* Silberblatt 20 | | | ● | | | | | ● | ● | | | |
| ● | | | | | | | | | | | 45–60 | *Lunaria rediviva* Silberblatt (behandelt) 60 | | | ● | | | | | ● | ● | | | |
| | | | | | ● | | | | | | 90+ | *Macrozamina communis* Macrozamia | ● | ● | ● | ● | | | ● | | | | ● | |
| ● | | | | | | | | | | | 45 | *Melaleuca* sp. Myrtenheide 55 | | ● | | | | | | ● | ● | | | |
| | | | | | | ● | | | | | 45–60 | *Milium* sp. Hirse 44 | | | ● | | | | | ● | ● | | | |
| | | | | | ● | | | | | | 1–5 | *Mnium* sp. Sternmoos 38 | | ● | | | | | ● | | ● | | | |
| | | ● | | | | | | | | | 30–60 | *Moluccella laevis* Muschelblume 58 | | ● | | | | ● | | | ●● | ●● | | |
| | | | | | | ● | | | | | 25 | *Nelumbo lucifera* Lotosblume (Frucht) 43 | | | ● | | | | | ● | ● | | | |
| | | | | | ● | | | | | | 45 | *Nigella damascena* Jungfer im Grünen 39 | | ● | | | | | | ● | ● | | | |
| | | | | | | ● | | | | | 45 | *Nigella damascena* Jungfer im Grünen 44 | | ● | | | | | | ● | ● | | | |
| ● | | | | | | | | | | | 60 | *Olearia* sp. Duftstrauch 55 | | ● | | | | | | ● | ● | | | |
| | | | | | | | | | ● | | 45 | *Paeonia lactiflora* Chinesische Päonie 21 | | ● | | | ● | | | | ●●● | | ●●● | |
| | | ● | | | | | | | | | 45 | *Papaver rhoeas* Klatschmohn (Samenkapsel) 59 | | ● | | | | | | ● | ● | | | |
| | | | | | | | | | ● | | 60 | *Pennisetum* sp. Pennisetum 21 | | | ● | | | | | ● | ● | | | |
| | | | | | | | | | ● | | 30 | *Phaenocoma prolifera* Phaenocoma 23 | ● | | | | ● | | | | ● | | | |
| | | | | | ● | | | | | | 45 | *Phalaris arundinacea* Rohrglanzgras 37 | | ● | | | | | | ● | ● | | | |
| | | | | | ● | | | | | | 45 | *Phleum pratense* Wiesenlieschgras 37 | | ● | | | | | | ● | ● | | | |
| ● | | | | | | | ● | | | | 30–45 | *Phlomis fruticosa* Brandkraut 30 | | ● | | | ● | | ● | ● | ● | | | |
| | | | | | | ● | | | | | 45 | *Phragmites australis* Schilfrohr 40, 41, 43 | | ● | ● | | | | | ● | ● | | | |
| | | | | | | | | ● | | | 60 | *Physalis alkekengi franchetti* Lampionblume 32 | | | ● | | | | | ● | ● | | | |
| | | | | | | ● | | | | | 60 | *Physocarpus* sp. Physocarpus 45 | | ● | | | | | | ● | ● | | | |
| | | | | | | ● | | | | | 10 | *Pinus ayacahuite* Mexikanische Strobe 43 | | | ● | | | | | ● | ● | | | |
| | | | | | | ● | | | | | 10 | *Pinus* sp. Kiefernzapfen 42 | | | ● | | | | | ● | ● | | | |
| | | | | | ● | ● | | | | | 60 | *Pinus sylvestris* Föhre 40 | | | ● | | | | ● | ● | ● | | | |
| | | | | | | ● | | | | | 5 | *Pinus sylvestris* Föhrenzapfen 43 | | | ● | | | | | ● | ● | | | |
| | ● | | | | | | | | | | 45 | *Pithocarpa corymbulosa* Miniatur-Strohblume 55 | | ● | | | ● | | | | ● | | | |
| | | | | | | | | | ● | | 30 | *Protea compacta* Protea/Schimmerbaum 20 | | ● | | | ● | | | | ● | | | |
| ● | | | | | | | | | | | 30+ | *Protea* sp. Protea/Schimmerbaum 60 | | ● | | | ● | | | | ● | | | |
| | | | | | ● | | | | | | 30+ | *Quercus palustris* Sumpfeiche 36 | | ● | | | | | ● | | | | | ● |
| | | | | | | ● | | | | | 30+ | *Quercus palustris* Sumpfeiche 43 | | ● | | | | | ● | | | | | ● |
| | | | | | | | ● | | | | 25 | *Ranunculus* sp. Hahnenfuß 32 | ● | | | | ● | | | | ●● | | | |
| | | | | | ● | | | | | | 90+ | *Reseda lutea* Gelbe Reseda 38 | | | ● | | | | | ● | ● | | | |
| | | | | | | | | | | ● | 25 | *Rosa* cv. Zinnoberrote Floribundarose 22 | | ● | | | ● | | | | ● | | | |
| | | | | | | | | | ● | | 25 | *Rosa* cv. Terrakottafarbene Miniaturrose 23 | | ● | | | ● | | | | ● | | | |
| | | | | | | | ● | | | | 25+ | *Rosa* cv. Orangegelbe Teehybrid-Rose 33 | | ● | | | ● | | | | ● | | ● | |
| | | | | | | | | | ● | | 25+ | *Rosa* 'Gerda' angehauchte Teehybrid-Rose 22 | | ● | | | ● | | | | ● | | ● | |
| | | | | | | | ● | | | | 25+ | *Rosa* 'Golden Times' Tiefgelbe Teehybrid-Rose 28 | | ● | | | ● | | | | ● | | ● | |
| | | | | | | | | | | ● | 50 | *Rosa* 'Ilona' Tief scharlachrote Teehybrid-Rose 24 | | ● | | | ● | | | | ● | | ● | |
| | ● | | | | | | | | | | 25+ | *Rosa* 'Jack Frost' Weiße Teehybrid-Rose 58 | | ● | | | ● | | | | ● | | ● | |
| | | | | | | | | | | ● | 25+ | *Rose* 'Jaguar' Scharlach angehauchte Teehybrid-Rose 25 | | ● | | | ● | | | | ● | | ● | |
| | | | | | | | | | ● | | 25+ | *Rosa* 'La Minuette' Bronzen angehauchte Teehybrid-Rose 29 | | ● | | | ● | | | | ● | | ● | |
| | | | ● | | | | | | | | 25 | *Rosa* 'Lilac Paleander' Fliederfarben angehauchte Miniaturrose 49 | | ● | | | ● | | | | ● | | | |
| | | | | | | | | | | ● | 25+ | *Rosa* 'Mercedes' Kirschrot angehauchte Teehybrid-Rose 23 | | ● | | | ● | | | | ● | | ● | |
| | | | | | | ● | | | | | 120+ | *Rumex* sp. Ampfer 33 | | | ● | | | | | ● | ● | | | |
| | | | | | ● | | | | | | 90+ | *Scirpus* sp. Simse 36 | | ● | | | | | ● | | ● | | | |

| Farbe | | | | | | | | | | | Länge der Exemplare in cm | | Erntezeit | | | | Verwendete Teile | | | | Methode | | | |
|---|---|---|---|---|---|---|---|---|---|---|---|---|---|---|---|---|---|---|---|---|---|---|---|---|
| Silber | Weiß | Creme | Violett | Blau | Grün | Braun | Gelb | Orange | Rosa | Rot | | | Frühling | Sommer | Herbst | Winter | Blüte | Stengel/Zweig | Blatt | Fruchtstand | Lufttrocknen | Glyzerin | Trockenmittel | Pressen |
| | | | | | | ● | | | | | 60–90 | *Scirpus* sp. Simse 41 | | | ● | | | | | ● | ● | | | |
| | | | | | ● | | | | | | 15 | *Selaginella* sp. Mooskraut 39 | | ● | | | | | ● | | ●● | ●● | | |
| ● | | | | | | | | | | | 40 | *Senecio greyi* Kreuzkraut 54 | | ● | | | | | ● | | ● | | | ● |
| ● | | | | | | | | | | | 45 | *Serruria* sp. Serruria 56 | | ● | | | | | | ● | ● | | | |
| | | | | | ● | | | | | | 45 | *Setaria verticillata* Kolbenhirse 37 | | ● | | | | | | ● | ● | | | |
| | | | | | | | | | ● | | 30 | *Silene* sp. Leimkraut 22 | | ● | | | ● | | | | ●● | | | |
| | | | | | | | ● | | | | 60+ | *Solidago canadensis* Goldrute 31 | | | ● | | | ● | | | ● | | | |
| | | | | | | | ● | | | | 60+ | *Solidago canadensis* 'Lemore' Goldrute 39 | | | ● | | | ● | | | ● | | | |
| | | | | | ● | | | | | | 5 | *Sphagnum* sp. Sphagnum, Sumpfmoos 58 | | ● | | | | | ● | | ● | | | |
| | | | | | ● | | | | | | 5 | *Sphagnum* sp. Sphagnum, Sumpfmoos 59 | | ● | | | | | ● | | ● | | | |
| ● | | | | | | | | | | | 25+ | *Stachys lanata* Wollziest, Eselsohren 54 | | ● | | | | | ● | | ● | | | ● |
| ● | | | | | | | | | | | 60 | *Stirlingia latifolia* Stirlingia 55 | | ● | | | ● | | | | ● | | | |
| | | | | | ● | | | | | | 50+ | *Tilia* sp. Linde 36 | | ● | | | | ● | | | | | | ● |
| | | | | | | ● | | | | | 90 | *Typha angustifolia* Schmalblättriger Rohrkolben 42 | | | ● | | | | | ● | ●● | | | |
| | | | | | | ● | | | | | 120 | *Typha latifolia* Breitblättriger Rohrkolben 42 | | | ● | | | | | ● | ●● | | | |
| ● | | | | | | | | | | | 45+ | *Verbascum* sp. Mullein 54 | | ● | | | | ● | | | ● | | | |
| | | ● | | | | | | | | | 45 | *Verticordia brownii* Verticordia | | ● | | | ● | | | | ● | | | |
| | | | | | | | ● | | | | 45 | *Verticordia nitens* Verticordia | | ● | | | ● | | | | ● | | | |
| | | | | | | | ● | | | | 45 | *Verticordia* sp. Verticordia 31 | | ● | | | ● | | | | ● | | | |
| | | ● | | | | | | | | | 45 | *Verticordia* sp. Verticordia 59 | | ● | | | ● | | | | ● | | | |
| | | | | | | ● | | | | | 80+ | *Xanthorrhoea* sp. | | | | ● | | | | ● | ● | | | |
| ● | | | | | | | | | | | 15+ | *Xylomelum angustifolium* Xylomelum 58 | | | ● | | | | | ● | ● | | | |
| | | | | | | | | ● | | | 120 | *Zea mays* Mais (Kolben) 33 | | | ● | | | | | ● | ●● | | | |

## BEZUGSQUELLEN UND LIEFERANTEN

Trockenblumen, Trockenpflanzen und Zubehör für die eigene Herstellung von Trockensträußen und Arrangements sind in größeren Blumengeschäften, Blumencentern und auf großen Märkten erhältlich. Genaue Adressenangaben für Geschäfte in bestimmten Regionen sind zu erfragen bei folgenden Großhändlern, die ihrerseits jedoch keine Privatpersonen beliefern können:

**Düsseldorf**
Firma Raab-Karcher,
Floristenbedarf GmbH
(0211) 8778268

**Hamburg**
Firma Hans F. Timmann
(040) 7235281

**Flensburg**
Firma Jürgensen (0461) 62333

**Lübeck**
Firma Otto Hoffmann KG
(0451) 84071

**Bremen**
Firma Emil Brinkhoff
(0421) 633058

**Kassel, Dortmund, Hagen**
Firma Giovanni Semeria
(02331) 56051, (02331)
617909, (02331) 82044

**Mainz**
Firma Jäger (06131) 685448

**Weil a. Rh.**
Firma Stefanesku
(07621) 76700

**Nürnberg**
Nürnberger Trockenblumen-
lager (0911) 565601

**München**
Firma Flora GmbH
(089) 641900

# Register

# DANKSAGUNGEN

**Danksagung der Autoren**
Wir möchten Andreas Einsiedel und Sally Smallwood danken für ihre kreative Unterstützung; David Lamb, Jane Laing und Jane Warring für die redaktionelle und gestalterische Arbeit; Sue Newth, Lala Benn und Angela Murphey bei Hillier and Hilton, Barnes, London SW13, für ihre Unterstützung; außerdem danken wir Eileen Bell, Kitty Black, Kathleen Darby, Peter Day, June Henry, Peter Machin, Mr. and Mrs. Richard Raworth, Sarah Stone, David White und Josephine White.

**Dorling Kindersley** dankt Osborne and Little, London SW3, für die Lieferung der verwendeten Tapeten (S. 78–83); Colin Welland für das Blumenarrangement (S. 96/97); David Douglas Carpets Ltd., London SW8, für den Teepich (S. 125, 131, 143, 144, 147, 151, 154); Eileen Bell für das Gemälde (S. 143); Horse Yard Antiques, London N1, für die Kiefernholztür (S. 147/148); Fired Earth, London W11, für die Kaminfliesen (S. 151); Matthiae's Bakery, Richmond, für die Hochzeitstorte (S. 154); Culpeper Ltd., London W1, für das Kissen, die Duftbehälter und die Potpourris (S. 164/165); The Flowering Dutchman, London W10, für ihre Unterstützung bei der Zusammenstellung der Liste der Lieferanten (S. 187); Machin and Henry Dried Flowers, London SE8; Andreas Einsiedel, Danny und Steve für die Foto-Assistenz; Dr. John Feltwell für seine wertvolle Hilfe bei der Redaktion; Moira Mole und Richard Bird für die Registerarbeit; Tessa Richardson-Jones für ihre Hilfe bei der Gestaltung; Carolyn Ryden für ihre anfängliche redaktionelle Mitarbeit; Patrizio Semproni für den Umbruch; und Jimmy Tsao und Mr. Sakai für ihre Hilfe bei den Repros und dem Druck des Buches.

**Illustrationen**
David Ashby: S. 174/175, 178/179
Tim Foster: S. 170–173, 176/177, 182

**Fotos**
Sämtliche Fotos sind von Andreas Einsiedel, ausgenommen: S. 11 (oben) Alex Starkey, reproduziert mit freundlicher Erlaubnis von Country Life; S. 13, 16 (unten), Andrew Lawson; S. 14 Andrew Butler; S. 15 Eric Crichton; Vor- und Hintersatz Andrew Butler.